Das bietet Ihnen die CD-ROM

- **Freeware und Demoversionen ausgewählter PC- und PDA-Tools**
- **Nützliche Planungsformulare**
- **Praktische Checklisten**

Was muss ich über effektives Zeitmanagement wissen?
Checkliste: Wofür leben Sie?
Checkliste: Lebensziele formulieren
Checkliste: Von den Lebenszielen zur Zeitplanung
Checkliste: Wichtig oder dringend?
Checkliste: Setzen Sie die richtigen Prioritäten?
Formular: Masterplan
Checkliste: Vorbereitende Fragen zu Ihrer Planung

Wie finde ich das für mich optimale Zeitmanagementwerkzeug?
Checkliste: Controlling mit dem Zeitplaner
Formulare zur strategischen Planung, zur taktischen Planung, zu Projekt-/Kundendaten
Planungslisten
Übersichtslisten
Diverse Protokolle
Notizen und Ideenspeicher
Berufsspezifische und persönliche Formulare und Daten
Infoblätter

Welche Vor- und Nachteile hat ein Zeitplaner aus Papier?
Jahresübersichtsplaner
Urlaubs- und Projektplaner
Checkliste: Ist für mich ein Wochenkalendarium praktisch?
Undatierte Tages- und Wochenpläne
Formulare für das Zeitplanbuch
Checkliste: Wochenplanung
Formular: Aktivitätenliste für den Tag

Welche Stärken und Tücken hat die elektronische Planung?
Demoversionen u. a. von agendus, Agenda Fusion, Bonsai, Beyond Contacts, Agenda Fusion, TreNotes, Palm Reader, Feiertage und andere
Checkliste: Wochenplanung mit dem Palm

Wie finde ich meine optimale Kombination aus beiden Welten?
Checklisten: Die jeweils wichtigsten Stärken und größten Schwächen von Papier und Elektronik
Checkliste: Bin ich eher ein Papier- oder ein Elektronik-Typ?
Checkliste: Meine Kombination aus Papier und Elektronik

Überall, wo Sie das Icon sehen, finden Sie die Texte vollständig im DIN A4-Format auf der CD-ROM – direkt zum Übernehmen in Ihre Textverarbeitung.

Bibliografische Information Der Deutschen Bibliothek

Die Deutsche Bibliothek verzeichnet diese Publikation in der Deutschen Nationalbibliografie; detaillierte bibliografische Daten sind im Internet über http://dnb.ddb.de abrufbar.

ISBN 3-448-05662-6 Bestell-Nr. 00807-0001

Redaktionsanschrift: Postfach 13 63, 82142 Planegg
Hausanschrift: Fraunhoferstraße 5, 82152 Planegg
Telefon (089) 8 95 17-0, Telefax (089) 8 95 17-2 50
Internet: http://haufe.de, E-Mail: erste-hilfe@haufe.de
Lektorat: Jasmin Jallad, Stephan Kilian

Idee & Konzeption: Dr. Matthias Nöllke, Textbüro Nöllke München
Umschlaggestaltung: Schell und Partner, 80469 München
Karikaturen: Werner „Tiki“ Küstenmacher
Lektorat und DTP: Text+Design Jutta Cram, 86391 Stadtbergen, www.textplusdesign.de
Druck: Schätzl Druck, 86609 Donauwörth

Jörg Knoblauch
Holger Wöltje

Zeitmanagement

Perfekt organisieren mit Zeitplaner und Handheld

Inhalt

Vorwort

Als Trainer und Berater konnten wir in den letzten Jahren erkennen: Der Trend zur Elektronik bringt für viele Menschen neben Begeisterung auch Unsicherheit und Verzweiflung mit sich. Wir haben die damit einhergehenden Probleme, Ideen, Rückschläge und Erfolge unserer Kunden hautnah miterlebt, ebenso wie die neuen Anwendungsmöglichkeiten, die sich ergeben. Ob in Seminaren zur Gruppenterminplanung für Vertriebsmitarbeiter, Einzelcoachinggesprächen mit Führungskräften oder selbst bei der halbtägigen Einführung ins Zeitmanagement für Mitarbeiter einer karitativen Einrichtung – PC und Handheld/PDA (Personal Digital Assistent) sind heute aus der privaten Planung und dem ehrenamtlichen Engagement für viele bereits ebenso wenig wegzudenken wie aus dem Berufsalltag.
Die Grundlagen und Strategien effektiven Zeitmanagements bleiben dabei unverändert. Zu diesem Bereich gibt es bereits eine stattliche Menge hervorragender Literatur. Doch die „taktische Umsetzung“ mit elektronischen Organizern muss völlig anders als auf Papier erfolgen. Bestimmte Methoden sind nicht mehr möglich oder werden quälend umständlich. Die neuen Möglichkeiten der Technik müssen Sie sich erst einmal erschließen und sinnvoll in bewährte Strategien integrieren. Bei so manchem Besitzer landet der PDA daher schon nach kurzer Leidenszeit in einer „Abstellschublade“ des Schreibtischs oder wird zum Tetris-Spiel mit Adressbuch degradiert. Die von den PDA-Herstellern mitgelieferten Kalender und Aufgabenbücher sind verglichen mit guten Zeitplanbüchern aus Papier unübersichtlich, umständlich und in der Praxis weit weniger leistungsfähig, als die Geräte selbst es rein theoretisch wären. Mancher nur kurzzeitig enthusiastische Handheld-Besitzer kehrt daher schon bald gefrustet zum Papier zurück, manch interessierter „Papier-User“ scheut noch den Umstieg.
Im Laufe der Zeit haben wir nach intensivem Suchen, Probieren und manchen Fehlversuchen anhand der Bedürfnisse, Anforderungen und Erfahrungen unserer Kunden Lösungen und Taktiken gefunden, um elektronische Planer effektiv zu benutzen. Wir stellen Ihnen aus der Praxis bewährte Tipps, Methoden und Programme vor. Lernen Sie die neuen Möglichkeiten der Elektronik sowie die Stärken und Grenzen beider Welten kennen. Nut-

zen Sie Ihren PDA für übersichtliches, ganzheitliches Zeitmanagement. Erkennen Sie, in welchen Bereichen und aus welchen Gründen es für Sie weiterhin Sinn macht, beim Papier zu bleiben. Finden Sie das optimale, auf Ihre persönlichen Bedürfnisse abgestimmte System.

Zuerst nehmen wir Sie mit auf einen Streifzug durch die wichtigsten Grundlagen für Zeitmanagement-Einsteiger, der auch für Fortgeschrittene als kurze Wiederholung geeignet ist. Danach zeigen wir Ihnen, warum sich der Einsatz eines Zeitplaners lohnt, wie er aufgebaut ist und was Sie bei seiner Auswahl beachten sollten. Lernen Sie die Vor- und Nachteile von Papier und Elektronik kennen. Profitieren Sie von unseren Anleitungen und Tipps zur effektiven Planung in beiden Welten. Als Letztes geben wir Ihnen Hinweise, wie Sie Ihr optimales System finden – das durchaus eine Kombination aus Papier und Elektronik sein kann. Beginnen Sie nun, Ihr Zeitmanagement strukturiert umzusetzen! Beim effektiven Arbeiten helfen Ihnen die zahlreichen von uns für Sie ausgewählten Formulare auf der beiliegenden CD, die Sie beliebig oft ausdrucken und in Ihrem Zeitplanbuch benutzen können. Für Ihren Palm-OS-PDA, Pocket PC und „großen Windows-PC“ haben wir auf der CD über 50 der besten Programme für effektives Arbeiten herausgesucht. Eine kurze Beschreibung zu jedem der Programme finden Sie ebenfalls auf der CD.

Und nun wünschen wir Ihnen viel Spaß und Einsicht beim Lesen und Arbeiten mit dem Buch!

Holger Wöltje und Prof. Dr. Jörg W. Knoblauch

Was muss ich über effektives Zeitmanagement wissen?

Praxis-Beispiel

Mit solidem Zeitmanagement den Überblick behalten

Markus H. ist seit ein paar Wochen Produktmanager bei einem international ausgerichteten Chemiekonzern. Er betreut ein neues, innovatives Pflanzenschutzmittel gegen Pilzbefall, das für die Natur erheblich verträglicher ist als die bisherigen Lösungen. Seine neue Stelle macht ihm viel Spaß, doch gleichzeitig hat er das Gefühl, dass ihm die Aufgaben über den Kopf wachsen und er den Überblick und die wesentlichen Dinge aus den Augen verlieren könnte. Er muss die Arbeit der verschiedenen, teilweise in anderen Ländern stationierten Abteilungen koordinieren. Außerdem muss er viel reisen, um verschiedene Testfelder zu besichtigen und die Vertriebsabteilungen in den jeweiligen Ländern für sein Produkt zu begeistern. Er muss sich selbst noch an die neue Rolle gewöhnen und die verschiedenen Kollegen kennen lernen. Und sein Privatleben möchte er auch nicht völlig für den Beruf opfern. Also beschließt er, ein Zeitmanagement-Seminar zu besuchen, um wieder Herr der Lage zu werden.

Ziele – wissen, wohin Sie wollen

Praxis-Beispiel

Ziele helfen, nicht aufzugeben

Die kalifornische Küste lag nebelverhangen da an jenem Morgen des 4. Juli 1952. 34 Kilometer westlich davon, auf der Insel Catalina, watete eine 34-jährige Frau ins Wasser und schickte sich an, in Richtung Kalifornien zu schwimmen, entschlossen, diese Strecke als erste Frau zu bewältigen. Ihr Name war Florence Chadwick. Sie war bereits die erste Frau gewesen, die den Ärmelkanal in beiden Richtungen durchschwommen hatte. Das Wasser war eiskalt und der Nebel so dicht, dass sie kaum die Begleitboote sehen konnte.

Millionen schauten über die nationalen Fernsehsender zu. Mehrmals mussten Haie mit Gewehren vertrieben werden, um die einsame Gestalt zu schützen. Die Müdigkeit war nie ihr großes Problem bei diesen Schwimmleistungen gewesen – es war die eisige Kälte, die ihr zu schaffen machte.

Über fünfzehn Stunden später bat sie, steif vor Kälte, aus dem Wasser geholt zu werden. Sie konnte nicht mehr. Ihre Mutter und ihr Trainer, die im Boot neben ihr herfuhren, sagten ihr, dass die Küste schon ganz nah sei. Sie drängten sie, nicht aufzugeben, aber als sie zur kalifornischen Küste hinüberschaute, sah sie nichts als den dichten Nebel und bat darum, herausgeholt zu werden. Stunden später, als ihr Körper sich erwärmt hatte, kam der Schock über ihren Misserfolg. Nur eine halbe Meile vor der kalifornischen Küste war sie aus dem Wasser gezogen worden!

Ein Reporter fragte sie: „Miss Chadwick, was hat sie davon abgehalten, diese letzte halbe Meile zu schwimmen?" „Es war der Nebel", antwortete sie. „Wenn ich das Land hätte sehen können, hätte ich es geschafft. Wenn man da draußen am Schwimmen ist und sein Ziel nicht sehen kann ..." ◂

Ziele motivieren

Der Satz von Miss Chadwick wurde weltberühmt: „Es war der Nebel – wenn ich das Land hätte sehen können, …“ Da sie ihr Ziel aus den Augen verloren hatte, gab sie kurz vorher auf. Dasselbe passiert tagtäglich vielen Menschen in allen möglichen Lebens- und Berufsbereichen. Klare Ziele helfen, herausragende Ergebnisse zu erreichen. Nur wenn Sie wissen, wo genau Sie hin wollen, können Sie den klaren Weg dorthin festlegen und sofort die ersten Schritte in die richtige Richtung gehen. Deshalb sind folgende Fragen so wichtig:

- Was sind meine beruflichen Ziele?
- Was sind meine geistigen Ziele? (Welche Fähigkeiten will ich mir aneignen?)
- Was sind meine familiären und gesellschaftlichen Ziele?
- Was sind meine seelischen Ziele (Was will ich für meine Seele tun? Was ist der Sinn meines Lebens und Tuns?)
- Was sind meine finanziellen Ziele?

Wenn wir keine Ziele haben, können wir auch keine Pläne für unser Vorgehen machen. Wir werden nur wenig Erfolge erzielen, die großen Erfolgserlebnisse bleiben aus, da wir ja selbst nicht wissen, was wir überhaupt erreichen wollen und als Erfolg definieren. Dies wiederum führt zu Enttäuschungen und einem sinkenden Selbstwertgefühl. Am Ende stehen schließlich Motivations- und Lustlosigkeit, die uns den Antrieb verlieren lassen, sodass wir noch weiter davon entfernt sind, uns Ziele zu setzen. Ohne Ziele geraten wir in eine Negativspirale, die sich immer weiter nach unten dreht und uns so manchen Erfolg versagt.

Negativspirale der Ziellosigkeit

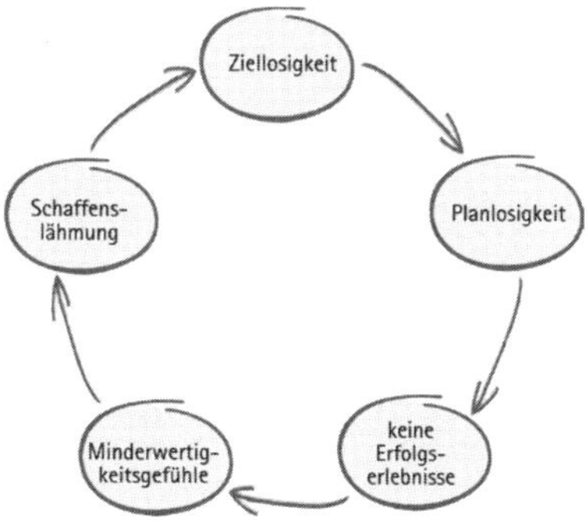

Kleine, erreichbare Ziele

Doch es gibt einen Weg heraus: Wenn wir beginnen, uns zuerst kleine, einfache, aber erreichbare Ziele zu setzen, können wir auch den Weg zum Erfolg festlegen. Wenn wir das Ziel schließlich erreichen, stärkt das Erfolgserlebnis unser Selbstvertrauen. Wir fühlen uns gut und motiviert, wir erhalten neue Energie. Wir bekommen Lust darauf, uns weitere Ziele zu setzen, die wir nun ein kleines bisschen höher stecken usw. Wichtig ist, die Ziele am Anfang nicht zu hoch zu stecken. Sie sollten sich schon etwas anstrengen müssen, um Ihr Ziel zu erreichen, aber es muss für Sie machbar sein.

Nehmen Sie sich Großes vor!

Experten-Tipp

Wenn wir ein hoch gestecktes Ziel erreicht haben, ist das nicht nur Grund zur Freude und macht uns stolz, sondern es spornt uns auch zu weiteren Leistungen an.

Ziele machen erfolgreich

Erfolgreiche Menschen haben klare, schriftlich festgelegte Ziele – sie erreichen am meisten. Und das ist belegt:

Harvard-Studie

Eine in den USA durchgeführte Langzeitstudie der Harvard University zum Thema „Werdegang von Studienabgängern" zeigt folgende Resultate:

- 83 % der Studienabgänger hatten keine Zielsetzung für ihre Karriere. Ihr durchschnittlicher Dollar-Verdienst wurde als Vergleichsgrundlage herangezogen.
- 14 % hatten klare Zielsetzungen für ihre Karriere, hatten sie aber nicht schriftlich festgelegt. Sie verdienten im Schnitt dreimal so viel wie die erste Gruppe.
- 3 % hatten klare Zielsetzungen für ihre Karriere und hatten diese schriftlich festgelegt – sie verdienten im Schnitt zehnmal so viel.

Wenn Sie also jemanden auf der Straße anhalten und ihn fragen: „Haben Sie ein schriftliches Lebens- oder Jahresziel?", dann ist bei 97 Prozent aller Befragten Fehlanzeige.

Experten-Tipp

Planen Sie schriftlich

Die Harvard-Studie macht noch einen weiteren Aspekt deutlich: Schriftlichkeit zwingt zu gedanklicher Klarheit. Wer seine Gedanken nur im Kopf hat und meint, dies sei ein Ziel, der irrt. ◄

Der Grund, weshalb viele Menschen um Ziele einen großen Bogen machen, liegt darin, dass sie in der Vergangenheit enttäuscht wurden. Sie haben sich etwas vorgenommen, dann jedoch haben sich die Dinge völlig anders entwickelt.

Praxis-Beispiel

Eine kleine Anekdote

Ein Zugreisender steht am Bahnsteig und wartet auf seinen verspäteten Zug. Regen, Schnee und Hagel verschlechtern seine ohnehin schlechte Stimmung noch weiter. Schließlich wendet er sich völlig empört an den InfoPoint: „Wozu gibt es überhaupt einen Fahrplan, wenn sich eh niemand daran hält?" Der Servicemitarbeiter entgegnet daraufhin gelassen: „Woher wüssten Sie, dass dieser Zug 20 Minuten Verspätung hat, wenn wir keinen Fahrplan hätten?" ◄

Diese kleine Anekdote zeigt: Nur wer ein Ziel hat, kann über Abweichungen reden oder erkennen, dass er auf dem falschen Weg ist. Er kann sich von Situation zu Situation neu entscheiden, wie er mit dieser Abweichung umgeht. Bestimmte Umstände können eine Anpassung oder grundlegende Änderung des Ziels erfordern. Suchen Sie neue Wege zu Ihrem Ziel, wenn Sie aus der Bahn geworfen wurden oder feststellen mussten, dass Sie Fehler in Ihrem Plan hatten. Unsere Definition für das Arbeiten mit Zielen heißt daher: Abweichungen managen.

Abweichungen erkennen und managen

Wie Sie Ziele formulieren

Ziele haben viele Kriterien. Drei davon sind die wichtigsten, aus denen sich alle anderen ableiten lassen (3-M-Regel):

3-M-Regel

- Ziele sind messbar.
- Ziele sind machbar.
- Ziele sind motivierend.

Messbar bedeutet, dass Sie mit Ihren Zielen die so genannten Polizeifragen – auch „W-Fragen" genannt – beantworten: Wer? Was? Wie viel? Wo? Wann? Warum?

Messbarkeit

Setzen Sie Ihre Ziele zwar hoch und herausfordernd, aber nicht unerreichbar. „If you can dream it, you can do it" – dieser Satz stimmt so leider nicht. Jeder Mensch hat seine Grenzen und die äußeren Umstände erlauben nicht alles. Berücksichtigen Sie dies – optimistisch, aber realistisch! Für die meisten Menschen ist es z. B. völlig unrealistisch, in zwei Wochen dauerhaft zehn Kilogramm abnehmen zu wollen. Gleichzeitig unterschätzen viele jedoch, was im Laufe mehrerer Monate oder Jahre alles möglich ist. Erwarten Sie ruhig etwas von sich. Nur wenn Sie sich Großes vornehmen, können Sie auch Großes erreichen.

Machbarkeit

Um sich optimal auf die Erreichung Ihrer Ziele zu programmieren, brauchen Sie eine positive und motivierende Formulierung. Durch Verneinungen und negative Ausdrucksweise hemmen Sie sich selbst. Formulieren Sie daher beispielsweise nicht: „Ich will nicht noch dicker werden, als ich eh schon bin", sondern: „Ich werde bis zum Jahresende mein Gewicht von 85 kg halten und bis zum nächsten Sommer auf 80 kg reduzieren." Eine

Positive Motivation

Hilfe ist es zudem, wenn Sie jemand von außen unterstützt – gegenüber einer anderen Person berichten zu müssen bzw. zu zweit das Rauchen aufzugeben erhöht die Motivation beträchtlich.

Ohne Ziele kein Erfolg!

„Wer vom Ziel nicht weiß, kann den Weg nicht haben.
Wird im Kreise dann all sein Leben traben."

Christian Morgenstern

Aus Wünschen Ziele formulieren

Sind Formulierungen wie: „Ich möchte mehr für meine Weiterbildung tun" oder: „Ich will ein besserer Vater sein" schon ein Ziel? Erinnern Sie sich? Die Kriterien sind: Ist es messbar? Ist es machbar? Damit wird klar: Die beiden Formulierungen sind sicher machbar, aber nicht messbar.

Praxis-Beispiel

Erfolg versprechende Zielformulierungen

Gute Zielformulierungen, die Ihnen helfen, gleich die ersten Schritte zu gehen, wären beispielsweise:

„Ich werde morgen einen Test von Maschinenschreib-Lernprogrammen aus meinem Computerzeitschriften-Archiv heraussuchen und den Testsieger erwerben. Ab nächste Woche Montag werde ich zwei Wochen lang jeden Tag eine Stunde damit üben und ab diesem Zeitpunkt nur noch im Zehnfingersystem tippen. Mein Kollege Simon B. tippt für mich in der Lernphase, in der ich noch zu langsam bin, wichtige Schriftstücke, wenn sie dringend fertig gestellt werden müssen. Zwei Monate später übernehme ich für ihn diese Rolle, wenn er den Kurs absolviert."

„Ich werde ab sofort jede Woche Montag, Mittwoch und Freitag direkt nach der Arbeit für 45 Minuten bei Puls 130 bis 150 joggen." ◀

Am besten fügen Sie gleich eine Begründung für Ihre Motivation sowie den ersten Schritt zur Umsetzung hinzu: „Dadurch baue ich Stress ab, steigere meine körperliche und geistige Leistungsfähigkeit und werde nach ein paar Wochen abends endlich wieder schnell einschlafen. Zum Einstieg in den ersten zwölf Wochen halte ich mich an das spezielle Trainingsprogramm von Stefan B., um mich nicht zu übernehmen …"

Aufgabe: Formulieren Sie aus Wünschen Ziele

- Ich hätte gerne irgendeinen Job, der mir Spaß macht.
- Ich möchte ein besserer Vater sein. (Ich sehe meinen Sohn ja fast nie.)
- Irgendwann würde ich gerne mal nach Australien oder Neuseeland reisen.

Das Leben vom Ende her denken

Die folgende Übung hilft Ihnen herauszufinden, was Ihnen das Wichtigste im Leben ist. Nehmen Sie sich dafür mindestens 20 Minuten Zeit, vor allem, wenn Sie mit dieser Übung nicht vertraut sind. Am besten, Sie führen die Übung schriftlich durch. Schreiben Sie Ihre Gedanken und Ergebnisse auf, damit sich Ihr Unterbewusstsein noch intensiver damit befasst und Sie später detailliert auf Ihre jetzigen Ideen zurückgreifen können.

Übung: Wofür leben Sie?

Stellen Sie sich vor, in fünf Jahren sind Sie Beobachter einer Beerdigung. Es sind viele Leute erschienen, die alle sehr ergriffen sind.

Sie schweben über dem Geschehen, sehen interessiert in den Sarg und dort drin – liegen Sie. Mehrere Personen halten kurze und ergreifende Nachrufe: einer Ihrer Kollegen, Ihr Chef, Ihr Ehepartner, Ihre Kinder, einer Ihrer Freunde und ein Mitglied Ihrer Gemeinde oder einer sozial aktiven Gruppe, in der Sie sich engagiert hatten. Alle Redner fassen jeweils in wenigen Sätzen das Wichtigste zusammen, was Sie ihnen bedeutet haben.

Notieren Sie:

Was würden diese Leute sagen?	
Was wünschen Sie sich, dass diese Leute von Ihnen sagen? Was möchten Sie diesen Menschen bedeutet haben?	
Wie würden die Nachrufe lauten, wenn Sie bis dahin Ihr Leben exakt so weiterlebten wie bisher?	

Finden Sie Ihre Lebens- und Jahresziele

Nun geht es darum, daraus Ihr(e) Lebensziel(e) abzuleiten und aktiv zu formulieren. Mithilfe der Ergebnisse aus der obigen Übung sind Sie den Antworten auf die folgenden Fragen, die Sie auch auf Ihrer CD-ROM finden, schon sehr nahe.

Checkliste

Lebensziele formulieren	
Was will ich in meinem Leben erreichen?	
Welche Träume und Wünsche habe ich?	
Wer sind die wichtigsten Personen meines Lebens?	
Widmen Sie diesen Personen, Träumen und langfristigen Zielen die Aufmerksamkeit, die sie verdienen?	

Wichtig ist, dass Sie Ihr Lebensziel auch im Alltag nicht aus dem Blick verlieren. Fragen Sie sich daher immer wieder, ob Ihre momentanen Tätigkeiten dazu beitragen, es zu erreichen. Ihre Lebensziele erreichen Sie nur, wenn Sie kontinuierlich daran arbeiten. Schreiben Sie auf, was Sie dafür konkret tun werden – in diesem Jahr, in den nächsten Monaten und in den nächsten Tagen.

Etappen mit Zwischenzielen

Wenn wir große Aufgaben in mehrere Etappen mit Zwischenzielen unterteilen, haben wir die „Markierungsbojen in der rauen See", die uns zeigen, wie weit wir insgesamt gekommen sind und welche überblickbare Teilstrecke wir als Nächstes in Angriff nehmen können. Dies bewahrt uns vor dem Aufgeben.

Mit den richtigen Fragen von den Lebenszielen zur Zeitplanung

Persönlichkeitsanalyse führt zum ...	Lebensziel
Was will ich mit meinem Leben erreichen?	Lebenszielplan
Was will ich in den nächsten sieben Jahren erreichen?	Periodenzielplan
Was will ich im nächsten Jahr erreichen?	Jahreszielplan
Was will ich im nächsten Monat erreichen?	Monatszielplan
Was will ich morgen erreichen?	Tageszielplan

(Quelle: www.tempus.de)

Fangen Sie heute an, sich Ziele zu setzen!

- Sie brauchen kurzfristige Ziele, um zu wissen, was Sie heute tun. Sie brauchen langfristige Ziele, um Ihren kurz- und mittelfristigen Zielen Kontinuität und Bedeutung und Ihrem Leben eine Richtung zu geben.
- Behalten Sie Ihre Ziele nicht nur im Kopf. Schreiben Sie sie auf, am besten in Ihr Zeitplanbuch. Arbeiten Sie daran, eine ausgewogene Zeiteinteilung und Balance für alle Lebensbereiche zu erreichen (mehr dazu ab Seite 26).
- Konzentrieren Sie sich zu jeder Zeit auf Ihre Ziele. Fragen Sie sich: „Hilft mir das, was ich gerade tue, dabei, meine Ziele zu erreichen?" Wenn nicht: Wechseln Sie zu einer anderen Aktivität, die Sie wirklich weiterbringt.
- Packen Sie jeden Tag zumindest ein wichtiges Ziel an. Hören Sie nicht auf, bevor Sie dieses Tagesziel erreicht haben. So entwickeln Sie in kurzer Zeit die Gewohnheit, Ziele nicht nur zu setzen, sondern auch zu erreichen.

Prioritäten – der Weg zum Wesentlichen

Dringendes ist selten wichtig und Wichtiges selten dringend. Deshalb: Lernen Sie, Wichtiges von Dringendem zu unterscheiden!

Die 80/20-Regel nach Pareto

Vilfredo Pareto lebte im 19. Jahrhundert und beschäftigte sich u. a. mit Fragen der Einkommens- und Besitzverteilung. Er stieß auf eine Tatsache, die ihm höchst bedeutsam erschien. Er entdeckte ein wiederkehrendes mathematisches Verhältnis zwischen dem Anteil von Personen (als Prozentsatz der gesamten relevanten Bevölkerung) und der Höhe des Einkommens oder Reichtums dieser Gruppe.
Bei dieser Beobachtung kommt es weniger auf die genaue Prozentverteilung an als auf die Tatsache, dass die Reichtumsverteilung in der Bevölkerung berechenbar unausgewogen war.

Das Pareto-Prinzip im Zeitmanagement

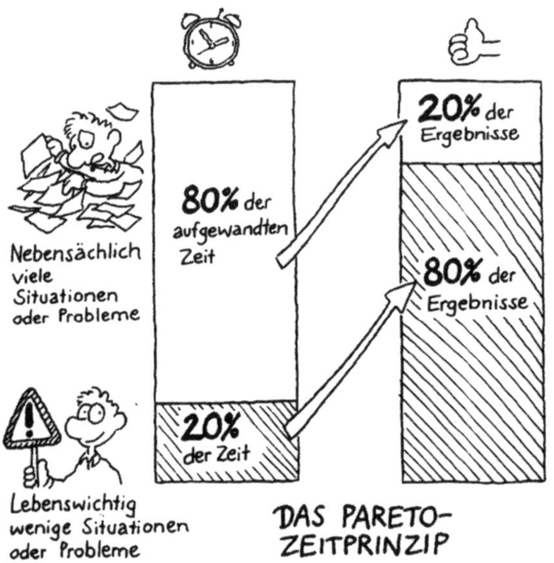

Dieses Phänomen tritt auch in allen anderen Bereichen des Lebens auf und wurde später in Bereiche wie Prozessoptimierung und Zeitmanagement übertragen: Ein typisches Verteilungsmuster zeigt etwa,

- dass 80 % der Wirkungen durch 20 % der Ursachen bedingt sind,
- dass 80 % der Ergebnisse auf 20 % der Anstrengungen zurückgehen usw.

Diese Regel lässt sich natürlich auch auf die Verteilung unserer Zeit und die erzielten Ergebnisse übertragen.

Das Pareto-Prinzip in allen Lebenslagen

- 20 % der Kunden bringen 80 % des Umsatzes.
- 20 % der Produkte sorgen für 80 % des Gewinns.
- 20 % der Teppichfläche erleiden 80 % des Verschleißes.
- 20 % unserer Kleider tragen wir in 80 % unserer Zeit.
- 20 % des Produktionsablaufs generieren 80 % der Fehler.
- 80 % der Wertschöpfung ergeben sich aus 20 % des Einsatzes, und die verbleibenden 20 % des Wertes kommen von den restlichen 80 % des Einsatzes.

Was zählt?

Konzentrieren Sie sich auf die wenigen entscheidenden Dinge. Um im Leben voranzukommen, braucht man nicht alles zu tun und nicht alle Aufgaben zu bewältigen. Filtern Sie die wichtigsten Sachen heraus und packen Sie den Stier bei den Hörnern.

Von der Effizienz zur Effektivität

Effizient arbeiten: Die Dinge richtig tun

Effizient sein bedeutet, „die Dinge richtig tun." Und zwar so, dass wir in der geplanten Zeit zu einem möglichst guten Ergebnis kommen. Effektivität bedeutet, „die richtigen Dinge tun." Wenn wir eine bestimmte Wirkung oder ein Ergebnis erzielen wollen, dann sollten wir das tun, was uns auch direkt dorthin bringt. Wir arbeiten effektiv, indem wir uns zuerst um die wichtigsten Dinge kümmern, anstelle sie in der Flut der anderen Aufgaben untergehen zu lassen.

Effektiv arbeiten: Sich auf die richtigen Dinge konzentrieren

Praxis-Beispiel

Effektiver und effizienter mit E-Mail arbeiten

Wenn Sie viele E-Mails bekommen und schreiben müssen, hilft Ihnen das Erlernen des Maschinenschreibens im Zehnfingersystem beim effizienten Antworten. Auch Schnell- und Querlesetechniken sowie die Signaturfunktion Ihres E-Mail-Clients sparen Zeit beim Abarbeiten der Nachrichten. Das alles ist wichtig und gut.

Trotzdem sind Sie mit effizientem Arbeiten alleine verloren, wenn Sie nach fünf Wochen Urlaub tausend neue Nachrichten in Ihrem Posteingangskorb haben. Hier hilft nur noch effektives Abarbeiten, das auch im normalen Alltag sicherstellt, dass Sie zumindest die Nachrichten bearbeiten können, die den größten Einfluss auf Ihre Ziele und Erfolge haben bzw. von Ihren besten Freunden stammen:

Suchen Sie die wichtigsten Nachrichten heraus, und bearbeiten Sie diese zuerst. Sortieren Sie die Mails nach Absender und löschen Sie in dieser Ansicht sofort alle Werbung. Löschen Sie die Newsletter oder verschieben Sie sie in einen Ordner zum späteren Lesen. Verschieben Sie nun alle Nachrichten Ihrer Vorgesetzten und wichtigsten Kunden in einen speziellen Ordner, den Sie nach der Sortierung der restlichen Nachrichten sofort abarbeiten werden. Prüfen Sie für die verbliebenen Nachrichten anhand des Betreffs, was Sie noch löschen können, z. B. Terminanfragen für eine Besprechung vor zwei Wochen. Diese Selektion ist effektives Arbeiten. ◀

Prioritäten richtig setzen

Das Wort „Prioritäten" beinhaltet das lateinische Wort „prio" (vor). Prioritätensetzung heißt, dass Sie sich täglich neu für das entscheiden, was Sie vor allem anderen erledigen wollen oder müssen, um Ihre Ziele zu erreichen.

Arbeiten mit dem Eisenhower-Prinzip

Wichtig oder dringend?

Das Eisenhower-Prinzip hilft Ihnen, Ihre Arbeiten systematisch nach Priorität anzugehen. Der erste Schritt dafür ist zu fragen: Sind die anliegenden Dinge wichtig oder dringend?
Laut Pareto sind 20 % unserer Aufgaben in aller Regel wichtig, 80 % sind eher nebensächliche Dinge. Die sind dann jedoch meistens dringend.

- Wichtige Aktivitäten bringen Sie Ihren Zielen näher.
- Dringende Aktivitäten erfordern oder binden Ihre unmittelbare Aufmerksamkeit, ohne dabei großen Einfluss auf Ihre Ziele zu haben.

Sie dürfen Ihre Aktivitäten und Aufgaben mit der größten Wichtigkeit, dem größten Einfluss auf Ihre Erfolge und das Erreichen Ihrer Ziele, niemals aufschieben, um unwichtigeren Dingen den Vorrang zu geben.
Doch leider haben wir alle eine Tendenz in uns, zuerst die Nebensächlichkeiten anzugehen. Die auf dem Schreibtisch liegenden Drucksachen sind viel verlockender als das seit Tagen verschobene entscheidende Projekt. Finden Sie deshalb vor allem diejenigen Aufgaben heraus, die den größten Einfluss auf Ihre Erfolge haben. Dabei helfen Ihnen Prioritäten.

Hebelwirkung zum Ziel

Experten-Tipp

Um bessere Ergebnisse zu erzielen, müssen Sie mehr Zeit mit den wichtigen Aufgaben verbringen, die Sie dank hoher Hebelwirkung weit voran bringen.

Test: Wichtig oder dringend?

Kreuzen Sie an (nur eine Antwort möglich)

Was	wichtig	dringend
Sie haben sich vorgenommen, Verbesserungen und einen Nachfolger für Ihr momentan an der Spitze des Marktes befindliches, perfekt laufendes Produkt zu entwickeln.		
Ein Ton Ihres Computers zeigt, dass eine E-Mail eingetroffen ist (Sie erwarten gerade keine besondere Nachricht – aber man kann ja nie wissen ...).		
Einmal im Jahr haben Sie sich vorgenommen, zum Zahnarzt zu gehen. Das Jahr ist vorüber und sie waren noch nicht da.		

Lösung:

- Frage 1: wichtig.
- Frage 2: dringend – aber nicht wichtig. Schauen Sie E-Mails im Block durch, sofern Sie nicht auf eine besonders wichtige Nachricht warten. Lassen Sie sich nicht von jeder Spam-E-Mail bei der Arbeit unterbrechen, stellen Sie den Ton ab, um sich nicht drängen zu lassen. Wenn die Welt wirklich in den nächsten fünf Minuten unterzugehen droht, kann die Person Sie immer noch anrufen.
- Frage 3: wichtig – und sobald Sie Zahnschmerzen bekommen oder die Zuzahlung Ihrer Krankenkasse zu sinken droht, weil Sie zu lange nicht zur Kontrolle waren, wird es dazu dringend.

Aktivitäten nach Prioritäten einteilen

Vier Klassen von Prioritäten

Das Eisenhower-Prinzip kombiniert nun beide Kriterien – wichtig und dringend –, sodass vier Prioritätenklassen entstehen. Für Ihre Planung müssen Sie alle anstehenden Aufgaben analysieren und einordnen. So bekommen Sie eine Rangfolge, was Sie wann und wie abarbeiten.

Das Eisenhower-Prinzip hilft, Prioritäten richtig zu setzen

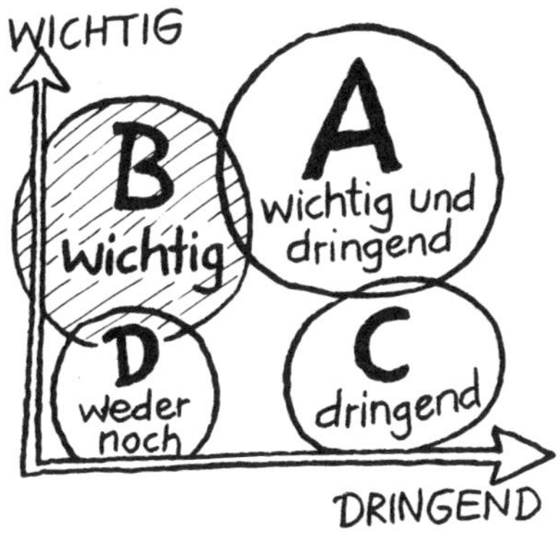

- **A-Priorität:**
  Das sind Dinge, die noch heute erledigt werden müssen, weil sie **dringend und wichtig** sind (Krisen).

- **B-Priorität:**
  Das sind Dinge, die wichtig sind, aber nicht unbedingt heute erledigt werden müssen. Nehmen Sie sich regelmäßig Zeit für die Bearbeitung Ihrer B-Aufgaben und setzen Sie sich dafür Termine. Denn B-Aufgaben verursachen Ihren Erfolg und bringen Sie Ihren Zielen näher. Der große Bericht für die Vorstandssitzung, der Ihnen die Beförderung einbringen könnte und einen Monat Zeit hat, wird zur Krise und trotzdem nicht gut genug, wenn Sie erst in den letzten zwei Tagen alles hektisch zusammenschustern.

Experten-Tipp

B-Aufgaben bringen Sie weit voran

Ihr Wachstum wird im Bereich der B-Aufgaben produziert: Wenn Sie sich einmal 30 Stunden innerhalb von 14 Tagen reservieren, um das Zehnfingersystem zu erlernen, werden Sie in den nächsten Monaten die wesentlichen Schriftstücke schneller und mit weniger Fehlern abfassen, sodass sich die investierte Zeit schnell lohnt. Ähnliches gilt beispielsweise für Kundenumfragen, um Produkte zu verbessern und damit den Absatz und die Kundenzufriedenheit zu erhöhen. ◂

- **C-Priorität:**
  Das sind Dinge, die dringend sind, aber nicht wichtig. Hier gilt: Ruhig bleiben und, wo möglich, delegieren oder Nein sagen. Damit gewinnen Sie Zeit für Ihre wichtigen B-Aufgaben, die sonst untergehen.

- **D-Priorität:**
  Das sind Dinge, die weder wichtig noch dringend sind – Sie können sie getrost dem Papierkorb anvertrauen oder, wenn es um Termine oder Aufgaben geht, absagen bzw. delegieren. Entscheiden Sie sich höchstens bewusst und zeitlich begrenzt für die D-Aufgaben, die Ihnen Erholung und Entspannung an einem stressigen Tag bieten.

Praxis-Beispiel

Prioritätenliste eines leitenden Redakteurs

Priorität A: Leitartikelabgabe für nächstes Heft, stellvertretend für den an Grippe erkrankten Kollegen Artikel ... gegenlesen.

Priorität B: Themen für Hefttitel und größere Artikel des nächsten Quartals planen, Interview-Termin mit Bill G. ausmachen, aktive Erholung, Weiterbildungskurs Thema XY, Reisekosten der letzten drei Wochen abrechnen.

Priorität C: Rechnungen prüfen und weiterleiten, weniger wichtige Berichte lesen, einige Post, Umlauf, Entwerfen einer Anzeige für Praktikumsplatz, selbst das Aufmacherbild designen, statt es dem Grafiker zu überlassen.

Priorität D: Werbekataloge, unaufgefordert eingesandte Angebote für nicht benötigte Produkte und Dienstleistungen, von Rainer Z. gewünschtes Treffen zum Erfahrungsaustausch, Ketten-E-Mails mit Witzvideos angucken, mal schauen, ob es gerade günstig interessante neue DVDs bei ebay gibt.

Prioritäten setzen – so machen Sie es richtig

- Teilen Sie jede Ihrer Aufgaben in die Prioritätenklassen A, B, C und D ein. Durch diese Analyse trennen Sie die Spreu vom Weizen.
- Denken Sie daran: Wichtigkeit und Dringlichkeit sind grundverschiedene Dinge. Wichtiges bringt Sie Ihrem Ziel näher, Dringliches erfordert Ihre unmittelbare Aufmerksamkeit.
- Beachten Sie die Vorfahrtsregel: Wichtigkeit geht vor Dringlichkeit. Nicht alles, was eilig ist, muss auch erledigt werden. Nur so schaffen Sie es, sich nicht länger dem „Diktat der Dringlichkeit" zu unterwerfen. Die Gefahr besteht darin, sich in zu vielen dringlichen, aber relativ unwichtigen Aktivitäten zu verzetteln.
- Praktisch heißt das für Ihre Zeitplanung: Versuchen Sie immer, an der Nummer 1 Ihrer Aufgaben, Ihrer A-Aufgabe, zu arbeiten – nicht an der Nummer 3 oder 4, ganz egal, wie viel mehr Spaß diese Aufgaben vielleicht machen. Wenn Sie mit Ihrer A-Aufgabe am Ende des Tages nicht fertig geworden sind, machen Sie am nächsten Tag weiter. Machen Sie vorher nichts anderes.
- Arbeiten Sie jeden Tag an einer langfristigen B-Aufgabe. Sie müssen neben Ihrem Tagesgeschäft auch an die „strategisch" wichtigen Aufgaben und Ziele denken. Nur so verursachen Sie bereits heute Ihre Erfolge von morgen! Lebensrollen und das Kieselprinzip, das wir im Rahmen von Balance und Wochenplanung (S. 35) genauer erläutern werden, helfen Ihnen dabei.

Sagen Sie auch einmal Nein

Machen Sie sich klar, dass Sie nie genug Zeit haben werden, um all das zu tun, was Sie alles tun könnten und was andere gerne von Ihnen wollen. Sorgen Sie dafür, dass Sie Ihre Zeit nutzen, um das zu tun, was Ihnen am wichtigsten ist und Sie Ihren Zielen näher bringt. Die Zeit dafür können Sie nur dadurch gewinnen, dass Sie Nein zu den unwichtigeren Dingen sagen und sie unterlassen.

Zum Abschluss können Sie nun noch analysieren, wie Sie Ihre Prioritäten setzen. Achten Sie darauf: Nur Ihre wirklich wichtigsten Anliegen sollen A- und B-Priorität erhalten!

CD-ROM

Test: Setzen Sie die richtigen Prioritäten?

- Wie viel Prozent Ihrer Zeit verbringen Sie in welchem der vier Quadranten (1–4 bzw. A, B, C, D)?
  A: __________ %
  B: __________ %
  C: __________ %
  D: __________ %

- In welchem Quadranten würden Sie Ihre Tätigkeiten des nächsten Tages einordnen?
  1.____________________________ = _____-Priorität
  2.____________________________ = _____-Priorität
  3.____________________________ = _____-Priorität
  4.____________________________ = _____-Priorität

- Schreiben Sie nun noch auf, was Sie reduzieren und welchen wichtigen Tätigkeiten oder Personen Sie dafür mehr Zeit einräumen möchten:
  ____ ◀

Balance – endlich mehr Zeit für Sie selbst und Ihre Familie

Um Spitzenleistungen zu erbringen, brauchen Sie ein Leben in Balance. In diesem Kapitel geben wir Anregungen, wie Sie trotz zunehmenden Drucks und Turbulenzen ausgeglichen leben können.

Experten-Tipp

Wer nur für die Karriere lebt, hat langfristig keine

Wir persönlich sind fest davon überzeugt, dass man sich nur dann über Jahre hinweg im Beruf erfolgreich voll engagieren kann, wenn man sich auch genug Zeit für Familie, Freunde, Hobbies, Entspannung und die Frage nach dem Sinn des Lebens nimmt. Auch Prof. Dr. Lothar J. Seiwert, Europas führender Experte für Zeitsouveränität und Lifeleadership, sieht Balance als den wesentlichen Faktor an, auf dem effektives Zeitmanagement aufbaut. ◂

Durch die richtige Balance aller Lebensbereiche fühlen Sie sich nicht nur ausgeglichener, sondern sind in allen Bereichen leistungsfähiger. Wenn kurzfristig starke Belastungen in einem Bereich an Ihren Nerven zerren, können Sie dies durch die aus anderen Bereichen gezogene Energie wieder ausgleichen.

Die Lebensrollen in Einklang bringen

Um auch in der Hektik des Alltags genug Zeit und Kraft für alle Lebensbereiche zu haben und sich auf Ihre Schlüsselaufgaben zu konzentrieren, hilft Ihnen das Konzept der Lebensrollen. Langfristig müssen Sie sich um jeden Bereich kümmern, und zwar regelmäßig. Größere Defizite in einem Bereich wirken sich sonst nach einiger Zeit auch auf Ihre Zufriedenheit und Leistungsfähigkeit in allen anderen Bereichen aus.
Die vier Bereiche für ein ausgewogenes Leben sind:

Vier Bereiche für ein ausgewogenes Leben

- Beruf
- Kontakt (Partner, Kinder, Freunde)
- Sinn (Warum tue ich das alles? Gibt es eine höhere Macht oder einen Gott und was bedeutet das für mich? Was kann ich zum Wohle meiner Mitmenschen und für eine bessere Welt tun?)
- Ich (Sport, aktive Entspannung, Hobbys, persönliche Weiterentwicklung außerhalb des beruflichen Bereichs etc).

Füllen Sie nicht mehr als sieben Rollen aus

Finden Sie Ihre sieben wichtigsten Lebensrollen – mehr sollten es nicht sein, denn sonst können Sie nicht alle gleich gut ausfüllen. Sorgen Sie dafür, dass für Ihre Balance alle Lebensbereiche vertreten sind. Beispiele für Lebensrollen sind:

Beispiele für Lebensrollen

- Vorgesetzte/r, Kollege/Kollegin, Abteilungsleiter/in, Betriebsrat/Betriebsrätin, Teamleiter/in etc.
- Tochter/Sohn, Freund/in, Ehemann/Ehefrau, Mutter/Vater, Großmutter/Großvater, Pate/Patin etc.
- Helfer/in beim Roten Kreuz, ehrenamtlicher Mitarbeiter/ehrenamtliche Mitarbeiterin bei Drogenpräventionsprojekten für Jugendliche, Fahrer/in für „Essen auf Rädern“ oder „die Tafeln“ etc.
- Hobbygärtner/in, Tennispartner/in, Schatzmeister/in, Vereinsvorsitzende/r

Bedenken Sie: Sie sind auch noch für Ihre Finanzen und Ihre Gesundheit, für Ihre Erholung und Ihr seelisches Gleichgewicht verantwortlich.

Warum macht es Sinn, über den Sinn nachzudenken?

Warum und wofür schuften Sie sich täglich ab? Für ein schickes Auto? Oder weil es Ihnen Spaß macht, mit Aktien zu handeln? Oder weil Sie gerne für andere die innovativsten und zuverlässigsten Mobiltelefone konstruieren? Oder weil Sie schon immer als Arzt andere Menschen durch fachmännische Operationen nach neuesten Erkenntnissen mit möglichst kurzer anschließender Leidenszeit helfen wollten?

Die Sinnfrage ist ein ganz wichtiger Aspekt des Zeitmanagements: Sie ist entscheidend für unsere Arbeitsmotivation und damit für unsere Leistung. Sie ist wichtig, damit wir nicht irgendwann merken, dass wir unsere bisherige Lebenszeit für etwas vertan haben, was uns im großen Überblick zwecklos erscheint.

Praxis-Beispiel

Motivation durch Sinn

Die durchschnittliche Motivation durch eine Gehaltserhöhung hält in den reicheren Nationen etwa zwei Wochen an (sofern der allgemeine Lebensstandard gesichert ist).

Viele Mitarbeiter von Hilfsorganisationen wie dem Roten Kreuz oder Helfer bei Flutkatastrophen, die selbst nicht betroffen sind, leisten oftmals Erstaunliches ganz ohne Bezahlung – einen Sinn hinter unserem Tun zu sehen, für den sich alle Mühen lohnen, setzt erstaunliche Energien frei.

Was steckt hinter Ihren Zielen?

Betrachten wir es noch einmal von der praktischen Seite: Wenn Sie über Ihre Ziele nachdenken – für die Sie ja eine bestimmte Zeit opfern wollen –, treffen Sie zunächst eine ganz persönliche Entscheidung. Diese Entscheidung hängt von Ihren Werten ab, die für Sie „Sinn machen." Sie wollen etwa mehr für Ihre Familie da sein, weil die Liebe zu und die verbrachte Zeit mit Ihrem Partner und Ihren Kindern Ihrem Leben Sinn verleiht. Dann werden Sie Wege und Methoden finden, um sich die Wochenenden freizuhalten. Sie werden andererseits an diesen Wochenenden Energie tanken, um sich von harten Arbeitswochen zu erholen und für die nächsten beruflichen Anforderungen wieder fit zu sein.

Vor allem aber müssen wir die Antwort auf die Sinnfrage kennen, damit uns in Krisenzeiten nicht der Boden unter den Füßen weggerissen wird. Schon in der Bibel heißt es: „Denn was hilft es einem Menschen, wenn er die ganze Welt gewinnt und seine Seele verliert?" Wenn der Arbeitsstress unerträglich scheint oder einschneidende Ereignisse uns aus der Bahn zu werfen drohen, brauchen wir eine Antwort auf die Sinnfrage, um wieder aufzustehen und in der Spur zu bleiben.

Warum und wofür leben Sie?

Jostein Gaarder fragt in „Sofies Welt":

- Wie wird die Welt erschaffen?
- Liegt hinter dem, was geschieht, ein Wille oder Sinn?
- Gibt es ein Leben nach dem Tod?
- Wie sollten wir leben?

Was ist Ihre Meinung dazu? Schreiben Sie sich die Gedanken auf. Stellen Sie sich die Fragen: Ist das Leben sinnlos? Ist ein Sinn vorgegeben? Welcher? Wie definiere ich für mich den Sinn?

Ob Sie an Gott oder eine andere höhere Macht glauben oder nicht – welchen Sinn auch immer Sie im Leben sehen, finden Sie die Antwort auf diese Frage!

Experten-Tipp

Dem Sinn auf den Grund gehen

Den Antworten nach dem Lebenssinn können Sie auf vielfältige Art näher kommen: indem Sie sich z. B. selbst über Ihre Werte Gedanken machen und sie niederschreiben, indem Sie mit anderen darüber sprechen, indem Sie religiöse bzw. philosophische Bücher lesen, indem Sie meditativ oder im Gebet in sich gehen usw.

To Do

Erstellen Sie Ihren „Masterplan"

Am besten, Sie halten Ihre Lebensrollen und die damit verbundenen Ziele in einem Masterplan fest.

Nehmen Sie sich für das Ausfüllen des Masterplans (siehe folgende Seite) mindestens 30 Minuten Zeit. Den Masterplan sollten Sie mindestens einmal jährlich (zum Beispiel irgendwann rund um Ihren Geburtstag) in die Hand nehmen und überarbeiten:

- Ziehen Sie noch einmal Ihre Ergebnisse aus der Formulierung Ihres Lebensziels heran (Seite 16).
- Bestimmen Sie Ihre Lebensrollen.
- Bestimmen Sie dann ein Ziel für jede Ihrer Lebensrollen, das mit Ihrem Lebensziel in Einklang steht.
- Suchen Sie sich jede Woche je Lebensrolle mindestens eine B-Aufgabe, der Sie mindestens 90 Minuten widmen.

Solange wir unsere Lebensplanung nicht überdacht und festgelegt haben, können wir auch keine Verantwortung für unsere Zeit, die Fahrtrichtung und die Ankunftszeiten unseres Lebenszugs übernehmen. Solange wir nur mit verschwommenen Lebenszielen operieren, werden wir dramatische Umwege machen. Wir werden Enttäuschungen erleben, Kraft einbüßen und sehr viel Zeit verlieren. Planen Sie deshalb Ihr Leben! Formulieren Sie aus Wünschen Ziele und beginnen Sie damit, darauf hinzuarbeiten!

Masterplan – ein Beispiel

Lebensrollen	(Lebens-)Ziel	Jahresziele
1. Geschäftsführer	Firma mit ihrer Philosophie zur Nr. 1 der Branche in Deutschland machen	Schlanke Organisationsstrukturen einführen, Lieferzeiten auf maximal drei Tage senken
2. „Ausbilder" für meine zwei Produktmanager	Firmenleitung an einen von ihnen übergeben	Jeden Freitag Nachmittag Auswertungsmeeting einführen
3. Ehemann	Meine Frau ist mein bester Freund	Angela bei der Wiederaufnahme ihres Berufs unterstützen
4. Vater	Christian den Aufbau seines eigenen Unternehmens ermöglichen	Christian bei der Wahl des besten Ausbildungsplatzes helfen
5. Naturfreund	Den Kilimandscharo erklimmen	Mit Markus 14 Tage durch Norwegen wandern
6. Gesundheit/ Fitness	Mich fit und gesund halten	Viermal pro Woche 45 Minuten im Pulsbereich 130–150 joggen
7. Jugendkreisleiter	Teenies aus Drogen-Reha Sinn und Richtung fürs Leben geben	In 10-wöchiger Themenreihe zeigen, wofür es sich zu leben lohnt

Planen Sie Ihr Leben, entwickeln Sie Ihre Vision

Auf der CD finden Sie einen ausgefeilteren Masterplan – zum Ausdrucken und Kopieren auf A3-Format oder als Vorlage für Ihre individualisierte Version.

CD-ROM

Wenn Sie sich näher mit der Lebensplanung anhand des ausführlichen Masterplans von der CD sowie der langfristigen Planung über die Wochenebene hinaus beschäftigen möchten, empfehlen wir Ihnen das Buch „Dem Leben Richtung geben" von Jörg Knoblauch, Johannes Hüger und Marcus Mockler. In diesem Werk erfahren Sie ausführlich, wie Sie die einzelnen Fragmente im Masterplan zusammenfügen. Dabei gehen Sie u. a. Ihrer Vergangenheit, Ihrem Potenzial, Ihrem Lebenssinn, Ihren Wünschen sowie Ihrem Mission Statement als Weg zu Balance und Gelassenheit auf den Grund.

Schriftliche Planung – der Schlüssel zum Erreichen Ihrer Ziele

Mehr Spontaneität durch Planung

„Wer viel plant, kommt unter die Tyrannei des Terminkalenders." „Manchmal ist es mir zu viel, alles aufzuschreiben. Warum es nicht lieber gleich tun? Außerdem will ich mich nicht immer festlegen. Schriftliche Planung tötet jede Spontaneität" – diese Vorwürfe werden häufig erhoben. Aber sie stimmen nicht. Wer richtig plant, gewinnt Zeit für Ungeplantes, Kreativität und andere Aufgaben. Wer plant, kann letztlich auch spontaner agieren.

Viele von uns planen allerdings nicht, weil sie zu tätigkeitsorientiert sind. Am Ende geraten sie immer wieder unter Druck und bewegen sich im Bereich vieler A-Aufgaben, die sie durch rechtzeitiges Erledigen der B-Aufgaben hätten vermeiden können. Vielleicht brauchen manche Menschen den Adrenalin-Kick, den das „Feuerlöschen" einer Krise mit sich bringt. Oder es erscheint ihnen wesentlich spannender und macht mehr Spaß als vorheriges Planen und rechtzeitige Erledigung. Doch Sie sollten sich darüber im Klaren sein: Beim Feuerlöschen reagieren Sie bloß und können nicht mehr steuern. Zudem kosten solche Aktionen in der Regel nicht nur viel Energie, sondern auch mehr Geld als ein geregeltes und geplantes Routine-Vorgehen.

Experten-Tipp

Freiheit durch Planung

Planung ist der beste Weg, um aus dem Verhaltensmuster des bloßen Reagierens herauszukommen und die Dinge rechtzeitig zu erledigen, damit es erst gar nicht zur Krise kommt.

Je komplexer und umfassender eine Aufgabe oder ein Projekt ist, desto mehr Zeit sollten Sie für die Planung investieren. Denn je besser die Planung ist, desto mehr Zeit sparen Sie hinterher bei der Durchführung. Auch sinkt durch gute Planung die Fehlerrate oft beträchtlich.

Wer genügend Zeit in die Planung steckt, braucht weniger Zeit zur Durchführung und gewinnt insgesamt mehr Zeit.

Warum sich schriftliches Planen lohnt

Durch Planen wird Ihr Kopf frei für das, was aktuell ansteht.

- Sie vergessen nichts mehr.
- Schriftliche Planung wirkt wie ein Vertrag mit sich selbst und schafft Verbindlichkeit. Sie tun die Dinge dann auch eher.
- Planung macht Sie berechenbarer für Partner, mit denen Sie im Team zusammenarbeiten.
- Nur eine schriftliche Planung ermöglicht Ihnen Rückblick und Kontrolle. Und das ist die Grundlage für die Optimierung der eigenen Arbeitsweise.

Mehrere Methoden ausprobieren

Gewöhnen Sie sich an, mithilfe schriftlicher Planung Prioritäten abzuwägen. Berücksichtigen Sie dabei aber Stärken und Schwächen Ihrer Persönlichkeit. Dem einen fällt das überlegte Planen leichter als dem anderen.

Wichtig ist: Vergewaltigen Sie sich nicht durch eine Methode, die Ihnen nicht liegt. Probieren Sie die von uns vorgeschlagenen bewährten Methoden aus. Passen Sie sie dann an Ihre individuellen Bedürfnisse an, nachdem Sie sie beherrschen und einige Erfahrungen damit gemacht haben. Dies gilt sowohl für die Technik als auch die Hilfsmittel:

- Vielleicht können Sie mit einer großen Pinnwand und bunten Zetteln oder einem Mind-Mapping-Programm für Ihren PC besser planen als auf einem normalen Blatt Papier?
- Vielleicht hilft es Ihnen, bereits morgens auch jede kleine Aufgabe genau zu planen? Oder empfinden Sie das als Qual und kommen Sie weiter, wenn Sie morgens nur Ihre fünf wichtigsten sowie die strategischen Aufgaben planen?
- Sind Sie morgens schon voll leistungsfähig für die Tagesplanung und erhalten Sie dadurch gleich einen Motivationsschub für die Aufgaben? Oder bevorzugen Sie eine abendliche Rückschau, an die Sie wohl überlegt die Planung des Folgetages anschließen – findet Ihr Unterbewusstsein dann vielleicht über Nacht schon Lösungen und Ideen und programmiert Sie auf einen erfolgreichen Tag?

Grundregeln des Planens

- Keine Planung ohne Termin.
- Oberstes Planungsprinzip ist die Schriftlichkeit.
- Notieren Sie alle Aktivitäten, Aufgaben und Termine sofort in Ihrem Zeitplanbuch oder auf Listen (Details dazu folgen in den nächsten Kapiteln). Nur so behalten Sie in jeder Situation den Überblick und können sich auf das Wesentliche konzentrieren.

Experten-Tipp

Behalten Sie einen klaren Kopf

Sie sollten Ihre geistigen Kapazitäten nicht mit Aufgaben belegen, die auch ein Zeitplanbuch oder ein elektronischer Planer übernehmen können. Planen Sie schriftlich und halten Sie so Ihren Kopf für die wichtigen Dinge frei!

Wochenplanung – den Überblick und das Steuer in der Hand behalten

Praxis-Beispiel

Im Alltag nicht untergehen

Nachdem Markus H. voller Elan seinen Masterplan, seine Lebensrollen sowie seine wichtigsten Ziele definiert, Schlüsselaufgaben zugeordnet und diese priorisiert hatte, war er sehr zufrieden. Er wusste, worauf er in den nächsten Monaten hinarbeiten würde und warum. Doch wie sollte er jetzt all dies im Alltag unterbringen, ohne sich im Tagesgeschäft zu verlieren? Schließlich kann er doch nicht sämtliche Dinge, die er selbst als weniger wichtig ansieht, komplett streichen. Auch ist sein Arbeitsumfeld viel zu dynamisch, um weit im Voraus jede Minute zu verplanen. Selten, aber immer wieder trifft ihn eine wichtige Aufgabe, die er im Vorfeld nicht erahnen konnte, völlig unverhofft und benötigt seine sofortige Aufmerksamkeit. ◂

Planen auf Wochenebene nach dem Kieselprinzip

(Nach Steven R. Covey, „Der Weg zum Wesentlichen“)

Grobplanung

Um Balance zu erzielen, regelmäßig Zeit in jede Lebensrolle zu investieren und die B-Aufgaben besser in den Alltag zu integrieren, bietet sich die Grobplanung auf Wochenebene an. Mithilfe des Kieselprinzips legen Sie so auf Wochenebene quasi ein Fundament, auf das Sie dann später die Tagesplanung aufbauen.

Experten-Tipp

B-Aufgaben mit der Wochenplanung umsetzen

Eine Planung auf Wochenebene bietet genug Freiraum zur Verteilung, mehr Platz für Pufferzeiten sowie Flexibilität, um kurzfristige, unerwartete Ereignisse und A-Krisen aufzufangen, ohne komplett durcheinander zu geraten. Gleichzeitig ist eine Woche noch gut überschaubar. So bekommen Sie auch Ihre B-Aufgaben im Laufe der Woche unter, die wichtig, aber nicht dringend sind und daher viel zu oft verschoben werden, bis sie zur Krise werden. ◂

Kieselprinzip

Stellen Sie sich das Kieselprinzip als folgendes Bild vor: Sie nehmen einen großen Glaskrug und gießen zu etwa 40 % Wasser hinein. Nun schütten Sie eine große Portion Sand hinzu und anschließend kippen Sie Kieselsteine darauf. Wie bekommen Sie da noch große Steine in den Krug? Er ist bereits recht voll, aber ein großer Stein passt gerade noch. Vielleicht müssen Sie trotzdem um jeden Preis einen zweiten hineinzwängen – dann gibt es eine Sauerei, weil der Schlamm am Rand überquillt. Die anderen großen Brocken bleiben außen vor – und auch im nächsten Krug werden wieder nur ein oder zwei unterkommen, aber bis dahin liegen bereits neue Steine auf dem „Wartehaufen" …

Dieses Bild symbolisiert einen hektischen, ungeplanten Tag, an dem sich alles nach dringlichem Kleinkram – Wasser, Sand und Kieselsteinchen – richtet und für große Aufgaben kein Platz mehr ist. Eine große Aufgabe mit A-Priorität kriegen Sie noch unter, weil sie nun einmal besonders wichtig und dringend ist – sie später zu erledigen wäre zu spät. Vielleicht muss noch eine zweite A-Aufgabe unterkommen, weil es Sie sonst den Kopf kostet (wichtiges Vorstands-Meeting, Projektabschluss mit Großkunden). Also zwängen sie die hinein, kommen mit den anderen Aufgaben ins Schleudern und lassen die großen B-Aufgaben, die Sie weit nach vorne bringen und künftige A-Krisen vermeiden würden, außen vor.

Nicht einfach drauflosarbeiten

Wenn Sie besonders viel zu tun haben, sollten Sie nicht einfach drauflos-arbeiten. Überlegen Sie sich, was die größten und schwierigsten Brocken sind, die anliegen, z. B. ein Vertragsentwurf oder wichtige Entscheidungen für den Autokauf, die später viel Zeit und Geld sparen. Diese „Brocken" müssen Sie über den Tag hinausgehend planen.

Gute Planung auf Wochenebene

Eine gute Planung auf Wochenebene sieht also so aus:

- Im ersten Schritt bringen Sie die großen Steine im Krug unter. Das heißt: Sie verplanen Ihre wichtigsten Prioritäten (A und B, siehe Seite 23). Machen Sie den Krug aber nur so voll, dass noch Platz bleibt für die weniger wichtigen Dinge – und Pufferzeiten.
- Danach füllen Sie um die großen Brocken herum „den Kleinkram" ein: Kiesel, Sand und Wasser. Hierbei handelt es sich um die C- und D-Aufgaben (siehe Seite 24). Viele von ihnen finden auch in kleineren Lücken Platz: ein Telefonat, eine E-Mail, das Überfliegen eines minder wichtigen Angebots usw.

Interpretieren Sie nicht zu viel in dieses Bild, es geht nur um folgende einfache, aber sehr wirksame Tatsache: Wenn Sie die großen Brocken zuerst einplanen, können Sie mehr davon erfolgreich unterbringen. Die kleineren Dinge fügen sich dazwischen ein, sodass alles besser passt. Es entsteht weniger Stress und Chaos, als wenn Sie einen großen Brocken als Letztes hineinwerfen.

Auch so passt nicht alles in den Krug (Ihre Woche) – aber was draußen bleibt, sind die unwichtigeren Dinge im Vergleich zu den wichtigsten, für die sie sich nun die nötige Zeit nehmen.

Eine nach diesem Kieselprinzip ausgerichtete Wochenplanung, die zuerst Zeit für das wirklich Wichtige reserviert, um das herum sich dann alles andere einfügen muss, stellt den Schlüssel für eine ausgewogene Zeit- und Lebensbalance dar.

Experten-Tipp

Auch für Tages- und Projektplanung

Sie können das Kieselprinzip auch für die Tages- oder individuelle Projektplanung anwenden: zuerst die „dicken Brocken". Für das balance- und lebenszielorientierte Zeitmanagement hat sich die Planung mit dem Kieselprinzip auf Wochenebene allerdings am besten bewährt. ◂

Praxis-Beispiel

Wochenplanung mit dem Kieselprinzip

Erik N. lässt die Woche am Samstag mit einer halben Stunde Planung der Folgewoche ausklingen. Er hält kurz Rückschau und fertigt eine neue ToDo-Liste mit allen unerledigten und neuen Aufgaben an, wobei er von den unerledigten Aufgaben die unwichtigeren streicht, statt sie zu übertragen.

Danach schaut er auf die Liste mit seinen Lebensrollen und jeweiligen Zielen. Er sucht sich jetzt für jede Lebensrolle eine B-Aufgabe heraus, für die er an einem Tag der Woche einen 90-minütigen „Termin mit sich selbst" einplant. Am Ende der Woche wird er so allen sieben Lebensrollen einmal Zeit gewidmet haben. Wenn in der Woche bisher wenig feste Termine (Besprechungen, Reisen) anliegen, fügt er an einigen Tagen eine weitere B-Aufgabe ein. Anschließend erstellt er einen Tagesplan für Montag, indem er von seinem Zehnstundentag aufbauend auf den bisherigen Plan insgesamt sechs Stunden dadurch verplant, dass er für weitere Aufgaben entsprechend ihrer Priorität Zeit reserviert.

Am Montag geht er nach seinem so erstellten Tagesplan vor. Ein Kollege wendet sich mit einem kleinen Problem an ihn, für das er der Spezialist ist und das er in einer halben Stunde gelöst hat. Er hat Glück – ansonsten passiert nichts Unvorhergesehenes und er hatte sich nur um eine Stunde bei der Planung verschätzt. Die restlichen zweieinhalb Stunden der unverplanten Zeit kann er also frei einteilen. Erik N. arbeitet jetzt noch für eineinhalb Stunden weitere Punkte seiner ToDo-Liste ab, plant am Ende den Dienstag um das bereits vorhandene Gerüst (B-Aufgaben vom Kieselprinzip sowie länger feststehende Termine mit anderen) herum auf und beschließt, die letzte Stunde zum Gleitzeitabbau zu nutzen. ◀

Experten-Tipp

Gut geplant ist halb gewonnen

Nehmen Sie sich jede Woche ca. eine Stunde und jeden Tag ca. zehn Minuten für eine vernünftige Planung – es zahlt sich aus! ◀

Wie viel Zeit verplanen?

Nur 60 %

Verplanen Sie nur einen bestimmten Teil Ihrer Arbeitszeit, erfahrungsgemäß ca. 60 %. Die anderen 40 % sollten Sie für Unerwartetes, vor allem für Störungen und „Zeitdiebe“, freihalten, damit nicht der Rest Ihrer Planung aus dem Lot gerät. Außerdem kommen Sie so auch nicht in Schwierigkeiten, wenn eine Aktivität einmal etwas länger dauert als geplant.

Die 60:40-Regel

Arbeitszeit	
verplant für Aufgaben: **60 %**	unverplant für Unerwartetes: **40 %**

Bei einem Zehnstundentag bedeutet 60:40, dass Sie am Morgen etwa sechs Stunden des Tages realistisch verplant haben. Die weiteren vier Stunden halten Sie für unerwartete Ereignisse und Verzögerungen frei, um flexibel reagieren zu können. Wenn keine unerwarteten Dinge passieren, arbeiten Sie einfach die nächste Aufgabe Ihrer ToDo-Liste ab, die nun oberste Priorität hat.

Checkliste: Vorbereitende Fragen zu Ihrer Planung

Was	
Wie viel Zeit der 60 % können Sie noch selbst verplanen? Wie viel ist bereits durch feste Termine und Anordnungen des Chefs vorgegeben? Schätzen Sie Ihre Prozentverteilung!	
Welche Art von Menschen, Aufgaben oder Situationen wollen oft unerwartet etwas von Ihnen? Gibt es eine Gesetzmäßigkeit dahinter? Welche?	
Führungskräfte können in der Regel ihre Zeit freier und selbstständiger verplanen als z. B. Hotline-Mitarbeiter; dafür haben sie auch mehr unerwartete Ereignisse. Legen Sie gegebenenfalls einen eigenen Schlüssel für sich fest, der zu Ihrem Arbeitsumfeld und Aufgabenbereich passt. Sie müssen nicht sofort die „goldene Verteilung" benennen können. Experimentieren Sie jeweils zwei bis drei Wochen mit einem Wert, der Ihnen nach kurzer Überlegung sinnvoll erscheint. Sobald Sie das Gefühl haben, dass dieser Wert in der Praxis für Sie passt, bleiben Sie dabei.	

Checkliste

Diese Checkliste finden Sie, ebenso wie alle anderen Checklisten aus diesem Buch, auch auf Ihrer CD-ROM. Sie können Sie direkt in Ihre Textverarbeitung übernehmen oder auf Ihrem PC-Drucker ausdrucken.

CD-ROM

Planen Sie Pufferzeiten ein

Experten-Tipp

Verplanen Sie niemals einen kompletten Tag auf die Minute genau (es sei denn, es geht um das exakte Ablaufschema einer Veranstaltung o. Ä.). Es wird immer etwas dazwischenkommen. Katastrophen und Störungen scheinen genau zu wissen, wann es uns am schlechtesten passt, und schlagen dann im effektivsten Moment zu – bei großen Projekten warten sie, wenn es sein muss, auch jahrelang vorher ab, um dann völlig unerwartet aufzutreten.

Denken Sie daran: Es geht immer etwas schief. Und wenn nicht, dann ist es besser, schon in Ruhe das nächste Projekt anzugehen und für die nächsten Wochen ein Vorhaben mehr planen zu können, als wenn Sie bei der kleinsten Panne Ihren gesamten Zeitplan nicht mehr halten können.

Wie geht es weiter?

Das Kernthema dieses Buches sind die Stärken, Schwächen, Unterschiede und Kombinationsmöglichkeiten von Papier-Zeitplanbüchern und elektronischen Organizern sowie Tipps für die Umsetzung bewährter Zeitmanagementstrategien von der Wochenebene an abwärts auf den verschiedenen Systemen.

Die Zeitmanagementtheorie selbst sowie „planerunabhängige" allgemeine Praxistipps zum Thema „Zeitmanagement" haben wir daher so knapp wie möglich gehalten und weitgehend ausgelassen, um uns einerseits ganz auf die besagten Themen zu konzentrieren und um andererseits in diesen Bereichen bereits weit fortgeschrittenen Lesern nicht zu viel Ballast zuzumuten. Wenn Sie hier tiefer einsteigen wollen, möchten wir Sie auf eines der sehr guten Bücher aus der Literaturliste auf Seite 189 verweisen. Vielleicht haben Sie ja auch Lust, einmal eines unserer Seminare zu besuchen? Dort können Sie dann intensiv Rückfragen stellen und bekommen auf Wunsch vom Trainer ein direktes Feedback zu den Übungen.

In den folgenden Kapiteln dieses Buches, das sich als „ergänzendes Praxiskochbuch für den Alltag" versteht, wird es nun darum gehen, wie Sie die Theorie mit Papierzeitplanbuch und elektronischem Organizer am besten in die Praxis umsetzen können – welchen Anforderungen ein gutes Zeitplanwerkzeug zur Umsetzung genügen muss, wie Sie Ihr optimales System finden und es optimal nutzen können.

Wie finde ich das für mich optimale Zeitmanagement-Werkzeug?

Praxis-Beispiel

Das Wesentliche immer dabei

Auf dem Seminar war die Organisation der Planungen noch sehr einfach und erforderte kein großes Nachdenken: Markus H. hatte gut einen Quadratmeter Tischfläche. Er hatte ein großzügig bestücktes A4-Teilnehmerheft mit entsprechenden Übungsfeldern, viel Platz und Ausfüllhinweisen bekommen. Außerdem stand ihm ein großer Notizblock zum Üben seiner langfristigen Planung, der nächsten Woche sowie eines Tages zur Verfügung. Anhand von Beispielformularen gab es Hinweise zur Benutzung eines Zeitplanbuchs, doch er hatte sich mehr auf die Strategie als auf solche Details konzentriert. Auch war für Rückfragen jederzeit der Trainer zur Stelle gewesen. Doch wie und wo sollte er unterwegs neben der langfristigen Planung auch mehrere Wochen- und Tagespläne verwalten können? Wie am besten Notizen, eine Vormerkliste für Aufgaben sowie seine ganze andere Planung unterbringen?

Werkzeug zur Organisation des Alltags

Wenn wir im Folgenden von einem Planungstool oder Zeitplansystem sprechen, dann meinen wir damit einfach das Werkzeug, das Sie benutzen, um Ihren Alltag zu organisieren.

- Das kann ein gebundenes Notizbuch sein, in das sie alles einfach nach Tagen geordnet hineinschreiben,
- eine Loseblattsammlung mit Notizen und Aufgaben,
- ein professionelles Zeitplanbuch oder
- ein PDA (Personal Digital Assistent, auch Handheld oder elektronischer Organizer genannt).

Bevor Sie die Vor- und Nachteile sowie Tipps zur Nutzung der Systeme im Alltag kennen lernen, werden wir uns in diesem Kapitel zunächst mit den allgemeinen Aufgaben eines guten Organisationswerkzeugs beschäftigen. Diese Vorüberlegungen werden Ihnen bei der Auswahl des für Sie optimalen Systems helfen.

Wofür lohnt sich eigentlich ein Zeitplanbuch/Handheld?

Mit einem Planungstool haben Sie alle benötigten Informationen mit einem Handgriff bei sich, in einer handlichen Einheit verpackt und damit stets alles im Überblick – sofern es ordentlich eingerichtet ist. Welche Aufgaben übernimmt ein Planungstool, was bringt es Ihnen und was gehört alles hinein?

Beruf und Privatleben zusammen planen?

Keine festen Grenzen

Diese Frage wird uns häufig gestellt. Die Antwort lautet: Ja, planen Sie Beruf und Privatleben, alle Rollen und Aktivitäten in demselben Zeitplansystem. Die Zeiten, in denen man täglich exakt von 09.00 bis 17.00 Uhr im Büro verbrachte, sind ebenso vorbei wie die Zeiten, in denen der Durchschnittsbürger vor Mitte zwanzig verheiratet war und sich einer der Partner um den Beruf und die Finanzen, der andere klar abgetrennt um Haushalt, Kinder und Organisation privater Aktivitäten gekümmert hat. Berufs- und Privatzeit haben keine festen Grenzen mehr, sondern verteilen und mischen sich teilweise täglich anders:

- An einem Tag müssen Sie bis spät abends oder an einem sonst freien Samstag komplett Überstunden einlegen, an anderen Tagen gehen Sie dafür schon mittags nach Hause.
- Der nötige Anruf beim Klempner oder ein routinemäßiger Arztbesuch erfordern keinen komplett freien Tag, aber eine Unterbrechung der Arbeitszeit.
- Je nach anstehenden Arbeiten und aktueller Motivation bleiben Sie abends an einigen Tagen länger im Büro, an anderen haben Sie Ihrer Tochter versprochen, bereits um 15.00 Uhr bei ihrer Schultheater-Aufführung dabei zu sein.
- Ein wichtiger Projektstart, für den Sie alles in wochenlanger Mehrarbeit perfekt vorbereitet und sich komplett von anderen Aufgaben befreit haben, verzögert sich in letzter Minute für vier Tage. Da Ihr Partner gerade Urlaub hat, beschließen Sie, die Überstunden abzubauen, um einen Spontan-Kurzurlaub vorzuschlagen.

Planen Sie auch Ihr Privatleben

Experten-Tipp

Im ersten Moment mag das befremdlich klingen – doch es ist keineswegs so gemeint, dass Sie nur mit Ihren Freunden reden sollen, wenn das im Terminkalender steht. Bei viel beschäftigten Menschen liegt das Problem eher genau andersherum. Wenn Sie ein durchaus willkommenes unerwartetes Telefonat oder einen Besuch vorschnell beenden mussten, weil noch so viel anderes anliegt, dann planen Sie gleich einen nahe liegenden Termin zur Fortsetzung ein, um in jedem Fall die nötige Zeit zu haben.

Zeit für Partner, Freunde und Kinder einplanen

Nehmen Sie die Verabredung mit Ihrem Partner und die Freizeitaktivitäten mit Ihren Kindern genauso wichtig wie eine Projektbesprechung mit dem Team – reservieren Sie rechtzeitig Zeit im Terminkalender dafür und halten Sie diese ebenso frei wie eine vorher benötigte Pufferzeit. Für so manchen viel beschäftigten Partner hat die regelmäßige Vereinbarung gemeinsamer Gesprächsstunden ohne besondere Aktivitäten Wunder gewirkt und die Qualität der Beziehung wieder wesentlich bereichert.

Durch rechtzeitige, verbindliche Planung werten Sie Ihr Privatleben nicht ab, sondern auf. Sie verhindern, dass Sie die Zeit mit Partner, Kindern und Freunden vergessen, verschieben oder durch den Beruf, die Vorbereitung bzw. andere Aktivitäten immer wieder verkürzen oder streichen.

Trennen Sie statt in Beruf- und Privatplanung in verschiedene Lebensrollen und achten Sie dabei auf die Balance der vier Lebensbereiche (siehe S. 27). Jeden Tag haben Sie neu 24 Stunden, die Sie jeden Tag ähnlich oder auch völlig anders füllen können. Die verschiedenen Rollen wechseln sich dabei ab, gehen ineinander über und verschmelzen bei verschiedenen Aktivitäten sogar teilweise. Wenn Sie z. B. mit Ihrem Sohn eine Stunde Tennis spielen und sich danach bei einem Eis ausgiebig unterhalten, haben Sie sich in dieser Zeit nicht nur in Ihrer Vater- oder Mutterrolle um Ihren Sohn gekümmert, sondern gleichzeitig ebenfalls etwas für Ihre Gesundheit und Entspannung getan.

Den Kopf freihalten

Was in Ihrem Planungstool steht, können Sie nicht mehr vergessen oder durcheinander würfeln – sofern Sie es eindeutig aufgeschrieben haben und wieder finden. Denken Sie an die Grundsätze der Planung und Schriftlichkeit. Halten Sie Ihre Pläne schriftlich fest, und es wirkt wie ein Vertrag mit sich selbst. Ihr Unterbewusstsein fühlt sich den Plänen so stärker verpflichtet. Mit einem Blick können Sie noch einmal Ihre Ziele für die kommenden Wochen oder das anstehende Meeting durchgehen und sich so innerlich darauf ausrichten.

Dass Zeitplanbücher die Kreativität töten, behaupten meist gerade die Menschen, die keines benutzen – und völlig überlastet und gestresst sind, sodass ihnen für vieles Wichtige die Zeit fehlt und sie sich von Nebensächlichkeiten treiben lassen.

Zeitplanbuch konsequent nutzen

Ein Zeitplanbuch besitzen reicht nicht, Sie müssen es auch konsequent nutzen. Nehmen Sie sich genug Zeit, um im Selbststudium oder als Crashkurs auf einem Seminar zusammen mit Gleichgesinnten – und dem Feedback eines erfahrenen Trainers – die Grundlagen zu erlernen. Die erste Zeit danach erfordert Hartnäckigkeit und Durchhaltevermögen: Am Anfang wird Sie das Planen einige Zeit kosten und Sie werden eventuell das Gefühl haben, dass der Planer Sie eher behindert. Doch schon nach ca. drei Wochen werden Sie erste spürbare Erfolge feststellen und das Planen wird langsam zur Gewohnheit, sodass es viel leichter und schneller vorangeht. Für Ihre Tagesplanung werden Sie dann etwa noch zehn Minuten benötigen. Nach ein paar weiteren Wochen werden Sie in der Lage sein, zwischendurch mit einem Handgriff jede Information an der richtigen Stelle einzuordnen bzw. wieder zu finden, wenn Sie in der ersten Zeit konsequent üben.

Kreativität und spontane Aufgaben

Wenn Sie Ihre Schlüsselaufgaben mit festen Zeiten verplant und alles Wesentliche gut geordnet in Ihrem Zeitplansystem notiert haben, dann haben Sie den Kopf frei für kreative Gedanken und können in Ihrem Zeitplan auch spontane Aktivitäten unterbringen bzw. den Plan schnell Abweichungen entsprechend anpassen. Sie müssen nicht mehr Ihre Energie darauf verschwenden, die ganze Zeit daran zu denken, was noch zu erledigen ist und was Sie in keinem Fall vergessen dürfen, denn das haben Sie mit einem Griff übersichtlich notiert vor sich. Mit einem Blick können Sie sehen, ob Sie eine spontane oder unerwartete Aktivität ohne weiteres unterbringen können oder ob Sie andere Dinge dafür verschieben müssen und können. Sie können schnell bewerten, was Ihnen im Konfliktfall wichtiger ist als der ursprüngliche Plan, und wo Sie lieber gezielt Nein sagen, um sich nicht von Ihren Zielen abbringen zu lassen.

Experten-Tipp

Zeitplansysteme befreien

Wenn Sie ein gut eingerichtetes Zeitplanwerkzeug mit einer durchdachten Strategie konsequent nutzen, engt Sie dies nicht ein. Ganz im Gegenteil. Durch konsequente Planung schaffen Sie sich Freiraum für Kreativität und Spontaneität.

Die meisten erfolgreichen und kreativen Menschen arbeiten mit einem Zeitplaner nach einem hoch entwickelten, schriftlichen Organisationssystem. Sie kommen ihren Zielen näher, weil sie wichtige Aufgaben und das, was sie wirklich weiter bringt, in ihrer Wochenplanung integrieren. Gute Einfälle zwischendurch können sie in einem wohl organisierten System übersichtlich eintragen. So finden sie sie auch wesentlich schneller wieder, wenn die Zeit zur Umsetzung gekommen ist.

Wenn Ihnen mitten in der Besprechungspause, während eines hektischen Messetages, auf der Zugfahrt oder unterwegs auf dem Fußweg zur Arbeit spontane kreative Ideen für ein neues oder momentan weiter entfernt liegendes Projekt, das ideale Geburtstagsgeschenk für einen Freund oder ein ganzer Schwall guter Detailideen für die Urlaubsreise mit den Kindern kommen, dann können Sie sie in einem gut organisierten Zeitplansystem gleich so unterbringen, dass nichts davon verloren geht.

Die besten Ideen kommen zwischendurch

Die besten Ideen produziert unser Gehirn durch das Weiterdenken im Unterbewusstsein oft gerade dann, wenn wir „es nach ein paar Arbeitsstunden auf niedrigerer Drehzahl fahren“. Die meisten Menschen haben die genialsten Einfälle daher auch nicht am Schreibtisch oder im Meeting, sondern danach und dazwischen. Beim Mittagsspaziergang, auf der langen Autofahrt nach Hause, kurz vorm Einschlafen, direkt nach dem Aufwachen, beim Joggen oder unter der Dusche – dort haben selbst wir unseren Planer nicht dabei, aber ein paar Minuten kann man die Gedanken gut festhalten, um sie dann in das sonst überall mit einem Griff erreichbare Planungstool zu schreiben.

Diktiergerät für unterwegs

Für unterwegs ist ein Diktiergerät besonders hilfreich (wichtig ist hier das regelmäßige, disziplinierte Weiterverarbeiten und Eintragen der diktierten Infos in Ihren Planer). Somit halten Sie die besten Ideen sofort fest und haben sie auch später wieder gut sortiert parat – auch wenn Sie zwischendurch ein paar Stunden in einem anstrengenden Meeting oder mehrere Tage während einer Messe mit etwas völlig anderem beschäftigt sind.

Realistisches Planen lernen

Wenn Sie Ihre Pläne und Ziele schriftlich fixiert und immer dabei haben, können Sie stets messen, wo Sie gerade stehen.
Sie sehen, ob Sie einem Ziel schon sehr nahe sind, ob Sie es vielleicht sogar übertroffen haben, ob Sie genau auf Kurs sind, ob Sie weit hinter dem Plan zurückliegen oder Sie sich sogar vom Ziel wegbewegt bzw. sich völlig verschätzt haben. So können Sie schnell feststellen, ob Sie Ihren Einsatz oder Ihre Planung anpassen müssen. Ob es sich lohnt, einen neuen Weg oder „eine Streckenänderung" auf dem Weg zum Ziel einzuschlagen. Wenn Sie sich übernommen haben, hilft der Gesamtüberblick bei der Einschätzung, was Sie am besten als Erstes verschieben oder ganz streichen.
Schriftlichkeit bietet die sehr effektive, aber gerade am Anfang schmerzliche und unangenehme Möglichkeit des Controlling: Stellen Sie sich vor, Sie sind Ihr „Zeit-Buchhalter". Am Ende der Woche bzw. des Monats geben Sie nun vor sich selbst einen Bericht:

Checkliste: Controlling mit dem Zeitplaner

Fragen zur Auswertung	
Welche der gesteckten Ziele haben Sie erreicht?	
Welche nicht und warum nicht?	
Wie liegen Sie im Zeitplan für wichtige (auch private) „Projekte" und Aktivitäten?	
Wie haben Sie Ihre Zeit der vergangenen Woche investiert?	
Was ist Ihnen dabei aufgefallen und was haben Sie daraus gelernt?	
Was möchten Sie verändern, wo reduzieren, wo sich mehr Zeit nehmen?	
In welche Projekte und Aktivitäten werden Sie in der nächsten Woche Zeit investieren?	

Wenn Sie mit der letzten Woche alles andere als zufrieden waren oder gerade erst mit dem Planen anfangen, spielen Sie das Ganze ruhig als eine Art Rollenspiel auf zwei Stühlen durch – eine Krisensitzung mit sich selbst.

Rückschau und Kontrolle für mehr Disziplin

Nachdem Sie Ihrem imaginären Buchhalter in einer solchen Krisensitzung stammelnd gestanden haben, dass Sie in der letzten Woche statt der genehmigten fünf gleich 20 Stunden ins Fernsehschauen investiert haben und damit u. a. für das Projekt „Jogging" leider keine Mittel mehr zur Verfügung standen, drehen Sie den Spieß um.

Erklären Sie sich als Buchhalter mit ernster Miene, warum die anderen Projekte wichtig sind. Dass das Projekt „Jogging" langfristig nicht nur zur beschlossenen Gewichtsreduzierung beiträgt, sondern durch die positiven Auswirkungen auf geistige Fitness, Schlaf und allgemeine Gesundheit sehr wichtig sei. Machen Sie sich klar, dass Sie für das Fernsehen nur fünf Stunden pro Woche als Budget beschlossen hatten und Ihnen die in der letzten Woche wegen der Budgetüberschreitung zu kurz gekommenen Projekte wichtiger sind.

Finden Sie, wenn möglich, den Grund für die Budgetüberschreitung (z. B. mehr Fernsehen aufgrund von Frust wegen Überlastung, eine große Aufgabe pro Tag weniger einplanen als Gegenmittel). Finden Sie einen für Sie passenden Weg, um sich weiter zu motivieren. Setzen Sie z. B. einen Kinoabend mit Freunden am Wochenende „als Bonus" an, wenn Sie in der nächsten Woche ein Budget von fünf Stunden einhalten. Oder erklären Sie mit finsterer Mine, dass der Fernseher aufgrund zu hoher Zeitkosten für vier Wochen „in den Zwangsurlaub" auf den Dachboden Ihres besten Freundes muss, falls Sie das Budget um mehr als 20 % überschreiten. ◂

Wenn Sie von Natur aus ein disziplinierter Mensch sind oder dieses Rollenspiel ein paar Mal erfolgreich absolviert haben, werden Sie auch ohne Rollentausch und relativ schnell Ihr „Controlling" durchführen können. Manch einem macht dieses Rollenspiel sogar Spaß – meist jedoch tut diese Art von Controlling, ob mit oder ohne Rollenspiel, erst einmal weh. Doch Nachkontrolle ist eine ausgezeichnete Möglichkeit,

1. Ihre Ziele und Pläne der Realität bzw. veränderten Gegebenheiten anzupassen und
2 im Laufe der Zeit ein sehr genaues Gefühl dafür zu entwickeln, was Sie in welchem Zeitraum erreichen können und wie viel Zeit Sie für bestimmte Aktivitäten benötigen.

Besondere Erlebnisse aufschreiben

Führen Sie ruhig auch einmal Tagebuch – schreiben Sie jeden Abend fünf Minuten auf, was Sie im Laufe des Tages gefreut, geärgert, besorgt und besonders bewegt hat. Schreiben Sie besondere Erlebnisse auf, notieren Sie, was Sie gelernt haben, und halten Sie Erinnerungen an besonders schöne Momente sowie große Erfolge fest. Viele unserer Seminarteilnehmer berichten, dass Tagebuchführen sie im Laufe der Jahre sehr vorangebracht hat sowie eine schöne und wertvolle Erinnerung darstellt.

Was gehört in mein Planungstool?

In Ihr Planungstool gehören alle Termine, Übersichten, Checklisten, Planungen, Notizen und Informationen, die für Sie wichtig sind. Im Folgenden finden Sie ein paar Beispiele, für welche Bereiche Sie Ihren Zeitplaner nutzen können. Markieren Sie die für Sie relevanten Elemente und fügen Sie weitere von Ihnen benötigte Punkte hinzu.

CD-ROM

Formulare und Software auf CD

Auf der CD zum Buch finden Sie zu den im Folgenden aufgeführten Bereichen viele praktische Formulare und Checklisten für Ihr Zeitplanbuch sowie Software für Ihren Palm, Pocket PC und Ihren „großen Windows-PC".

Zu jedem Programm finden Sie eine kurze, zusammenfassende Beschreibung für den schnellen Überblick direkt im Menü der CD.

Strategische Planung	■ Masterplan, Lebensrollen (siehe S. 27), berufliche Tätigkeitsbeschreibung ■ Ziele, Teilziele, Aktionsplan und Meilensteine ■ Projektplanungen ■ Mehrjahresübersicht ■ Urlaubsplaner ■ Jahreskalender und Monatsübersichten ■ Weiterbildungsplanung
Taktische Planung	■ Wochenziele und Wochenplanung ■ Aktivitätenliste (ToDo-Liste, Aufgabenliste) ■ Tagesplanung ■ Anruflisten ■ Besprechungsvorbereitung, Tagesordnungen

Projekt-/Kundendaten	■ Adresslisten (auch private oder eine gesamte für alle) ■ Meetingprotokolle ■ Verhandlungsziele ■ Kunden-/projektbezogene Notizen und Ideen ■ Protokoll der für den Kunden/das Projekt investierten Zeiten und Kosten ■ Verkaufsgesprächsprotokolle ■ Weitere thematisch sortierte Daten
Checklisten und Protokolle	■ Planungslisten, z. B.: Dienstreise, Ferienreise, Messevorbereitung, Angebotserstellung, Einführung eines neuen Mitarbeiters, Erste-Hilfe-Maßnahmen, Verhalten bei Autounfällen, Notfallpläne der Firma ■ Übersichtslisten, z. B.: geliehen/verliehen, Inhalt und Haltbarkeitsdatum Gefriertruhe /Hausapotheke, Einkaufsliste, Bestandslisten, Abos, Vereins- , Handy- und andere Verträge mit jährlicher Erneuerung ■ Fahrtenbuch ■ Ein- und Ausgabenbuch/Kassenbuch ■ Zeitprotokoll ■ Gleitzeitprotokoll ■ Geburtstagskalender mit Geschenkideen
Notizen und Ideenspeicher	■ Sammlung thematisch nicht zuordenbarer Ideen für Auswertung am Monatsende ■ Zitate-/Erlebnissammlung zur Illustration von Vorträgen, Berichten, Artikeln oder einfach zum Lernen, Erinnern und Schmunzeln ■ Notizen über den Tagesablauf ■ Ggf. Tagebuch oder Tagesrückschau/besondere Erlebnisse und Gedanken ■ Tipps von Freunden und Kollegen zu interessanten Produkten, Dienstleistungen, Sonderangeboten, Reisezielen, Restaurants usw.
Berufsspezifische und persönliche Formulare und Daten	■ Notenspiegel, Klausur-, Stunden-, Ferien- und Referatspläne für Schüler ■ Dazu Vorlesungspläne, Gebäude- sowie Laborzeitenübersichten, Literaturlisten und Planung wissenschaftlicher Ausarbeitung für Studenten ■ Formulare, Übersichten und Checklisten je nach Branche ■ Pollenflugkalender, Blutdruck-/Blutzuckerprotokolle, BE-Tabelle ■ Fett-/Kalorientabelle ■ Übersicht über einzunehmende/eingenommene Medikamente ■ Leistungs-/Pulsprotokolle für Kraft-/Ausdauertraining ■ Firmenleitsätze usw.

Infoblätter	■ Post-/Bahn-/Telefontarife, Call-by-Call, Reisekostenpauschalen ■ Bahnfahrpläne für häufig benutzte Strecken ■ Notrufnummern (Hausarzt, Kreditkartensperre, Versicherung, Automobilclub/Pannenhilfe, Giftzentrale, Notarzt/Polizei/Feuerwehr im Ausland) ■ Feiertage Europa/Übersee, Ferienpläne, Messepläne großer Städte ■ Internationale Telefonvorwahlen, Zeitzonen

Welche Eigenschaften braucht ein Zeitplanbuch bzw. Handheld für optimales Zeitmanagement?

Drei Kriterien

Wir haben die Eigenschaften, die ein Zeitplanwerkzeug erfüllen sollte, um Ihnen die langfristige Planung anhand von Rollen, Zielen und B-Aufgaben (s. Seite 23) zu ermöglichen, in drei Kriterien zusammengefasst. Die Kriterien helfen Ihnen, Ihre ganzheitliche, balanceorientierte Zeitplanung nach der Strategie des ersten Kapitels zu verwalten und taktisch umzusetzen.

1. Wert, Balance und Zusammenhang verdeutlichen

Ihre langfristigen Ziele hängen mit Ihren Rollen und diese wiederum mit Ihrem Masterplan und Ihren Lebenszielen zusammen. Aus Ihren Lebenszielen folgen die Rollen, für die Sie langfristige Ziele festlegen. Darauf aufbauend erstellen Sie Ihren Masterplan, der die Jahresziele enthält. Aus diesen leiten Sie in weiteren Teilschritten Zwischenziele und schließlich Aufgaben und Teilaufgaben ab.

Über die einzelnen Zwischenstufen bringen Sie die wichtigen Aufgaben des einzelnen Tages also Ihrem Lebensziel näher – wenn eine Aufgabe dies nicht tut, fragen Sie sich, ob Sie diese Aufgabe wirklich ausführen wollen oder doch streichen können.

Einheit der Planung erkennnen

Ihr Zeitplansystem sollte Ihnen helfen, den Zusammenhang, die Einheit und Harmonie Ihrer gesamten Planung zu erkennen. Es sollte Ihnen die Einheit, den Wert und Sinn Ihres Handelns stets vor Augen führen. Sie benötigen deshalb Platz für Ihre Lebensziele, den Masterplan, Ihre Rollen und Ihre wichtigsten Ziele, die Sie übersichtlich eintragen können. Durch die

Rollen und den Masterplan haben Sie bereits die Grundlage für eine balanceorientierte Planung gelegt.

Andere Personen berücksichtigen

Stephen R. Covey betont, dass ein gutes, nach Wichtigkeit und Wert ausgerichtetes Zeitplanwerkzeug den Fokus auch auf Personen statt auf bloße Zeitpläne legt. Effektivität entsteht vor allem durch Kontakt zu, Zusammenarbeit mit, Eingehen auf und Beachtung der Interessen anderer Personen. Ihr Zeitplansystem sollte folglich auch diese Dimension berücksichtigen.

2. Wichtigkeit vor Dringlichkeit: Übersicht über mehrere Tage und genug Platz für detaillierte Tagespläne

Ein optimales Zeitplansystem hilft Ihnen nun, die strategische Planung auch balanciert in die Praxis umzusetzen. Es unterstützt hierzu die Planung auf Wochenebene und bietet am besten auch einen Überblick über die gesamte Woche auf einmal. Die Wochenplanung nach dem Kieselprinzip (siehe Seite 35) hilft Ihnen, Ihren Tag nach Wichtigkeit statt bloßer Dringlichkeit zu organisieren. Gleichzeitig benötigen Sie genug Platz für die Tagesplanung, um nicht nur stichwortartig ein oder zwei Termine eintragen zu können.

CD-ROM

Verschiedene Zeitdimensionen im Überblick

Um einen Überblick über langfristige Pläne zu erhalten, helfen auf Papier Jahres- und Monatsübersichten. Den Wochenüberblick können Sie auch mit einem gut organisierten Monatsplaner erhalten. Der Mehrjahreskalender der Firma tempus bietet z. B. für jeden Monat des aktuellen Jahres zwei Seiten, die für jeden Tag mehrere Spalten enthalten. So können Sie bereits nach dem Kieselprinzip die wichtigsten Aufgaben und Termine des Tages für die Wochenübersicht verwenden. Als Kalendarium können Sie dazu einen Tag auf zwei Seiten wählen, um für die Tagesplanung und für datumsbezogene Notizen genug Platz zur Verfügung zu haben. Ein ausfaltbarer Projektplaner bietet dazu eine komplette Jahresübersicht, in der Sie mit verschiedenen Farben Ihre Urlaubsplanung sowie die wichtigsten Großprojekte markieren können. Ein Beispiel finden Sie auf Ihrer CD.

CD-ROM

Wenn Sie einen elektronischen Planer benutzen, tragen Sie alle Termine nur einmal ein. Sie können jetzt verschiedene Zeiträume wie einen Tag, eine Woche oder einen Monat als Übersicht aufrufen. Alle Ansichten greifen dabei auf dieselben Daten zurück. Die mit Handhelds ausgelieferten Kalender enttäuschen jedoch durch wenig aufschlussreiche Darstellungen für größere Zeiträume. Auf der CD haben wir für Sie daher Programme beigefügt, die Ihnen helfen, den Überblick zurückzugewinnen – mehr dazu im Kapitel über elektronische Planer und in den Programmbeschreibungen auf der CD.

3. Flexibilität und Mobilität

Vollständig, aber frei von Ballast

Ihr Planungstool muss sich Ihren Bedürfnissen anpassen. Nur wenn Sie es individuell so einrichten können, dass es frei von Ballast ist und alles für Sie Wesentliche beinhaltet, bietet es den optimalen Nutzen. Es sollte verschiedene Möglichkeiten zur Handhabung, zum Umsetzen der strategischen Pläne sowie zur Gestaltung Ihrer Einträge offen lassen – damit Sie die Form wählen können, mit der Sie am besten zurechtkommen.

Ihr Zeitplanwerkzeug soll Ihnen dienen, nicht Sie zum Sklaven machen. Sie können es dabei individuell zusammensetzen und auch eine Kombination aus Papier und Elektronik wählen.

Klein und mobil

Extrem wichtig sind kleine Abmessungen und hohe Mobilität: Ein großer Desktop-Rechner ist als Zeitplansystem ungeeignet. Und selbst tragbare Notebooks kommen aufgrund der relativ hohen Abmessungen bei geringen Akkulaufzeiten nur selten als (alleiniges) Planungstool in Frage. Hinzu kommt ein Problem mit der Lesbarkeit von Notebook-Bildschirmen bei verschiedenen Lichtverhältnissen: Bis auf wenige Spezialmodelle, die wiederum in geschlossenen Räumen oft nur eine schlechte Bildqualität bieten, sind Notebook-Bildschirme bereits bei normalem Tageslicht im Freien nicht mehr oder nur noch sehr unkomfortabel ablesbar.

Ihr Zeitplansystem muss so kompakt sein, dass Sie es immer bei sich tragen und benutzen können. Es muss alle Informationen auf kleinem Raum unterbringen. Auch während eines langen Messetages darf es Sie weder im Stich lassen noch durch Größe oder Gewicht zum unbequemen Ballast werden.

Wenn Ihr Planungstool aus irgendeinem Grund des Öfteren oder in den wichtigen Momenten nicht betriebs- oder griffbereit ist, dann verliert es seine wichtigsten Vorteile. Es muss Ihnen überall und zu jeder Zeit das schnelle und strukturierte Ablegen, Auffinden, Bewerten und Verknüpfen von Informationen und Plänen ermöglichen.

Macht es Sinn, Papier und Elektronik zu kombinieren?

Die meisten Menschen versuchen, entweder nur auf Papier oder rein elektronisch zu planen. In den letzten Jahren entscheiden sich jedoch immer mehr professionelle Nutzer nach einigem Experimentieren, die beiden Welten zu kombinieren.
Aus unserer Sicht ist eine individuell auf Sie abgestimmte Kombination aus beiden Welten mit Abstand die sinnvollste Variante. Nehmen Sie jeweils das Beste mit. Je nachdem, was Ihnen für welchen Bereich mehr liegt und welche individuellen Anforderungen Sie haben, entscheiden Sie sich in jedem Teilbereich entweder für Papier oder Elektronik.

Praxis-Beispiel

Die Adressverwaltung des Erik N.

Erik N. ist viel unterwegs und hat über tausend Adressen in seinem Bestand. Mit seinem Zeitplanbuch kommt er seit Jahren gut zurecht. Lediglich sein völlig überfülltes Adressregister nervt ihn schon lange.

Da er nicht alle Adressen aus seinen PC-Programmen dabei hat, fehlt ihm unterwegs immer mal wieder eine, die er gerade sucht. Ständig ist er am Korrigieren, wenn wieder einmal jemand umzieht oder die E-Mail-Adresse wechselt. Außerdem sind einige Einträge in seinem Zeitplanbuch veraltet – oft bekommt Erik N. die neuen Daten per E-Mail, sodass er sie direkt markieren, kopieren und in seine elektronische Datenbank einfügen kann. Manchmal vergisst er dann, auch den Papiereintrag zu aktualisieren.

Ansonsten ist er mit seinem Zeitplanbuch sehr zufrieden. Da er schon des Öfteren Probleme mit seinem PC hatte und keine Lust hat, sich in umständliche Anwendungs-Software einzuarbeiten, wenn es nicht unbedingt nötig ist, will er auch nicht auf einen PDA umsteigen.

Ein technisch versierter Freund, der Erik N. ein- bis zweimal im Jahr besucht, hat ihn jetzt überzeugt, sich nur für die Adressen einen Handheld zuzulegen. Der Palm Zire ist sehr klein, verfügt über eine lange Akkulaufzeit und hat zwar nur ein Graustufendisplay und keine Möglichkeiten zur Hardware-Erweiterung, hat dafür aber neu nur 100 Euro gekostet. Sogar eine Synchronisation mit seiner Adress-Datenbank auf dem PC hat sein Freund ihm eingerichtet – nun kann er mit einem Knopfdruck die geänderten Daten auf den PDA kopieren und auch unterwegs Daten ändern, die dann bei der Synchronisation auf dem PC aktualisiert werden. Das Ganze ist viel einfacher, als Eric N. gedacht hätte. Er trägt jetzt alle seine Adressen aktuell bei sich und kann sie blitzschnell durchsuchen. Schnell hat er seinen neuen Begleiter ins Herz geschlossen und an der Rückseite mit einem Klettstreifen aufgerüstet, sodass er ihn mit einem Handgriff an der entsprechend präparierten linken Innenseite seines Zeitplanbuchs befestigen und lösen kann. Alles andere plant und verwaltet Erik N. weiterhin auf Papier – dabei fühlt er sich wohl und es funktioniert. ◀

Wo und wie soll ich beim Kombinieren teilen und mischen?

Praxis-Beispiel

Für jeden Teilbereich: entweder – oder!

Eberhard M. sieht sich als Mann der Tat, der gerne handelt, anstatt Zeit mit langen Vorüberlegungen zu verbringen. Da er als moderner Mensch nicht veraltet wirken möchte, kauft er sich im nächsten Elektronik-Discounter auch gleich so ein Smartphone, das Handy und PDA vereint, nachdem er jetzt immer mehr solcher Geräte im Alltag bei anderen gesehen hat. Damit wird er nächste Woche auf der Messe sicher sehr modern wirken ...

Bis zur Messe hat er es geschafft, die Termine der nächsten vier Wochen in das Gerät zu übertragen. Zum Abtippen aller Adressen hatte er nach den ersten 20 keine Lust mehr und hat dann nur noch 30 weitere eingegeben, die er oft oder auf der Messe brauchen wird – um weniger Arbeit zu haben, dort nur die Handynummern. Da er noch nicht ganz so schnell mit dem neuen Gerät war, als er seine ersten neuen Termine eingegeben hat, hat er sieben telefonische Terminzusagen für die Messe in seinen eigentlich verbannten Papierplaner eingetragen, in dem ja sein voriger Plan komplett eingetragen und sofort im Zugriff war. In der Hektik des Alltags hat er dabei prompt nur fünf von den sieben Terminen noch einmal in seinem neuen Smartphone eingegeben, was er aber erst später bemerken wird.

Gleich am ersten Tag geht er früher ins Hotel zurück als erwartet, weil schon nach wenigen Stunden der Akku seines Smartphones leer ist, sodass es ihm den Zugriff auf Termine, Adressen und Notizen verwehrt. Am nächsten Tag telefoniert er nur noch mit seinem alten Handy, das er zum Glück noch dabei hat, und nutzt das Smartphone auch nicht mehr als MP3-Player. So hofft er, dass das Gerät den ganzen Tag durchhält, und hat Glück. Trotzdem erntet er spöttische Blicke, als er eine Telefonnummer in seinem neuen Organizer sucht, die er dann doch noch nicht übertragen hatte, und zusätzlich das alte Handy herauszieht, um sie dort zu finden – was zumindest in vier von neun Fällen zum Erfolg führt.

An seine Unterlagen für die Besprechungen hatte er zwar gedacht, aber einige im Laufe der letzten Woche immer wieder unterwegs angelegte Notizen waren mit seinem Zeitplanbuch zu Hause geblieben. Die sonst im Zeitplanbuch abgelegten Visitenkarten, die ihm neue potenzielle Kunden und Geschäftspartner in die Hand drücken, kann er zum Glück in seinem großzügig dimensionierten Portemonnaie unterbringen.

Als Eberhard M. nach der Messe schlecht gelaunt wieder in seinem Büro eintrifft, stellt er das nächste Problem fest: Er hatte während der Messe einige Termine ausgemacht, davon aber nur die wenigsten in den nächsten vier Wochen, die er in seinen elektronischen Planer übertragen hatte. Die meisten liegen weiter in der Zukunft und nun muss er feststellen, dass einige von ihnen bereits anderweitig vergeben waren. Leider hatte er sie noch nicht in sein Smartphone eingetragen. Jetzt hat Eberhard M. endgültig die Nase voll. In einem Wutanfall wirft er das Smartphone unsanft in seine untere Schreibtischschublade, ohne es auszuschalten. Zum Glück hatte er die neue Nummer nur seiner Sekretärin weitergegeben. Zwei Wochen später nimmt er das Gerät wieder in die Hand, da er es inklusive Mobilfunkvertrag einem Kollegen verkaufen konnte, der daran interessiert war und der trotz aller Warnungen gerne den Umstieg wagen möchte. Das batteriehungrige Smartphone hat inzwischen leider aufgrund eines leeren Akkus, anders als mancher länger durchhaltende PDA, bereits alle Daten verloren – darunter auch eine Hand voll Adressen von Personen, denen auf der Messe die Visitenkarten ausgegangen waren. Eberhard M. hatte sie elektronisch notiert und noch nicht übertragen … ◀

Was Sie beim (probeweisen) Umstieg beachten sollten

Es gibt ein paar Fehler, die Ihnen den Umstieg in „die andere Welt“ sehr schwer machen. Auch wenn Sie bisher noch kein Zeitplanwerkzeug nutzen und jetzt einsteigen möchten, lohnt es sich, auf ein paar Dinge besonders zu achten:

- Steigen Sie während einer geringen oder „normalen“ Arbeitsbelastung um, nicht mitten in oder direkt vor sehr stressigen Phasen.
- Nutzen Sie für jeden Bereich nur genau ein System, entweder Papier oder Elektronik. Kombinieren Sie für Ihre gesamte Planung, aber mischen Sie nicht innerhalb einzelner Bereiche.
- Nehmen Sie sich die Zeit, Ihren Um- bzw. Einstieg gründlich zu durchdenken, zu planen und vorzubereiten.

Nicht unter Volllast umsteigen

Sie werden am Anfang mit Ihrem neuen System langsamer sein als vorher. Wenn Ihnen strukturiertes Planen neu ist, wird es Sie darüber hinaus am Anfang viel Zeit kosten (die sich jedoch bald durch bessere Ergebnisse rentiert). Sie werden Fehler machen und anfangs ein paar Schwierigkeiten haben, Daten richtig einzuordnen oder sofort wieder zu finden. Bleiben Sie deshalb bei einem System, das Sie kennen und das Ihnen bestens vertraut ist, wenn gerade eine Messe, ein wichtiger Projektabschluss oder andere stressige Phasen, in denen es darauf ankommt, anstehen. Steigen Sie in Phasen mit niedriger oder normaler Arbeitsbelastung um. Aber nehmen Sie diese Bitte andersherum nicht als Ausrede, um den Umstieg ein halbes Jahr lang vor sich her zu schieben.

Für jeden Bereich genau ein System

Mischen Sie nicht innerhalb der Teilbereiche. Führen Sie jeden Bereich konsequent auf Papier oder elektronisch. Wenn Sie „die andere Welt einmal ausprobieren“ wollen, dann steigen Sie bereits für den Versuchszeitraum (mindestens vier Wochen) komplett um – und wenn es nicht klappt, wechseln Sie danach wieder zurück. Führen Sie einen Bereich nicht parallel in mehreren Planungstools, sondern immer nur in genau einem. Beispiele für Teilbereiche finden Sie in der Tabelle „Meine Kombination aus Papier und Elektronik“ auf S. 164 (die meisten Nutzer fassen die Bereiche noch gröber zusammen, z. B. nur Adressen, Termine, Aufgaben, Notizen, Ideensammlungen, Info-Daten).

Nur Ihren großen PC können Sie für einige Bereiche parallel zum kleinen PDA nutzen, da die beiden elektronischen Helfer in Sekundenschnelle zuverlässig alle Änderungen untereinander abgleichen.

Welche Vor- und Nachteile hat ein Zeitplaner aus Papier?

Praxis-Beispiel

Papier hat noch lange nicht ausgedient

Markus H. besitzt bereits ein professionelles Zeitplanbuch, in das er bisher aber lediglich feste Termine mit anderen Personen sowie hin und wieder ein paar Notizen einträgt. In Zukunft wird er es bewusster und intensiver nutzen. Nur seine Adressen verwaltet er elektronisch mit Outlook – es sind einfach zu viele, um sie ständig per Hand zu aktualisieren. Für unterwegs druckt Markus H. sich einmal wöchentlich eine aktuelle Telefonliste mit Name, Funktion, Firma und Nummer, sodass er alle Adressen auf wenigen Seiten unterbringen und hinten in sein Zeitplanbuch heften kann.

Einige seiner Kollegen setzen für unterwegs auf einen Handheld, gerade die jüngeren. Manchmal spotten sie, dass nur ältere Generationen und Technikmuffel noch mit Papier herumlaufen. Markus H. teilt diese Ansicht überhaupt nicht: Er ist Dipl.-Informatiker, war in seinem zusätzlichen MBA-Jahr in Pittsburgh bestens mit modernster Technik versorgt und konnte dort einigen erfolgreichen Führungskräften über die Schulter schauen. Alt ist er auch noch nicht, nicht einmal 30. Und er bleibt bewusst beim Papier. Sein Zeitplanbuch hat einfach mehr Charme als ein kühler Metallklotz. Es lässt ihn nie im Stich, stürzt nie ab und muss nie geladen werden. Er kann auf den Seiten beliebig herumskizzieren und außerdem Farben nutzen, ohne sich an fest vorgegebene Strukturen halten zu müssen. Papier leistet alles, was ihm wichtig ist, und hat in seinen Augen einfach mehr Stil. ◂

Welche Schwächen haben traditionelle Zeitplanbücher?

Groß und dick

Papierplaner werden mit jedem eingelegten Blatt dicker. Schon die Minimalausrüstung nur für die wichtigsten Planungen und Notizen übersteigt meist deutlich Größe und Gewicht eines Handhelds. Wenn Sie viele Mitschriften und detaillierte Planungen in Ihrem Zeitplanbuch mitführen, werden Sie meist Blätter im DIN-A5-Format benötigen, sodass die Lederhülle manchmal Größe und Gewicht eines Laptops erreicht oder gar übersteigt. Damit ist Ihr Planer nur noch eingeschränkt mobil.

Eingeschränkte Kapazität

Trotzdem kommt auch ein großes Zeitplanbuch schnell an seine Kapazitätsgrenzen. Je nach Ausführung des Adressregisters ist es nach 200 bis 500 Einträgen hoffnungslos überfüllt. Diese Zahl mag je nach Ihrem privaten oder beruflichen Umfeld sehr hoch erscheinen, wird jedoch von vielen unserer Seminarteilnehmer bereits erreicht, sofern sie die Liste nicht auf die wichtigsten Adressen beschränken. Egal ob es um Kunden, Ansprechpartner in anderen Firmen, Mitglieder des Sportvereins, Teilnehmeradressen für einen ehrenamtlichen Jugendfreizeitleiter oder die DRK-Sanitätsbereitschaft des Ortsvereins gepaart mit den Adressen von alten Bekannten, Freunden und Verwandten geht – die Zahl der Einträge wird schnell dreistellig.

Auch Projektpläne und Mitschriften müssen Sie im Büro selektieren und umheften, da nur Platz für ein paar besonders aktuelle bzw. wichtige Exemplare ist. Schade, wenn Sie zuweilen gerne auf ein älteres Ergebnis zurückgreifen würden.

Änderungen und Ergänzungen schwierig

Eintragungen immer nur mit Bleistift

Nehmen Sie Eintragungen in Ihrem Zeitplanbuch immer nur mit einem Bleistift vor. Am Anfang müssen Sie sich vielleicht erst einmal daran gewöhnen und trauern dem schöneren Schriftbild eines Kulis oder Füllers nach. Doch schon bald werden Sie die Möglichkeit zum Radieren und Korrigieren zu schätzen wissen.

Dennoch: Trotz Bleistifteinsatzes bleiben je nach verwendetem Papier und Stift hässliche Spuren zurück. Wenn Sie sehr oft im Adressregister radieren, nutzen mit der Zeit die Blätter ab. Für umfangreiche Ergänzungen ist meist kein Platz mehr.

Datenabgleich und -austausch schwierig

Wenn Sie Ihre Termine im Büro elektronisch eingeben müssen, damit Ihre Kollegen Zugriff auf Ihren Terminkalender haben, sollten Sie besser komplett auf elektronische Terminplanung umsteigen. Einen elektronischen Kalender parallel zu einem Papierkalender zu führen erfordert sehr viel

Aufwand und Disziplin, um Redundanzen und Fehler bei der Terminvergabe, beim Abgleich und nach Änderungen zu vermeiden. Früher oder später werden sich Fehler einschleichen.

Aufwändig und fehleranfällig

Auf Papier regelmäßig die neuen Kundenadressen sowie Änderungen bestehender Kunden im Team abzugleichen ist viel zu aufwändig. Ebenso ist der Austausch vieler Termine oder der Versuch, eine stets aktuelle Übersicht über die Termine der anderen zu erhalten, so schwierig, dass es sich fast nie lohnt.

Selbst das schnelle Kopieren und Weitergeben eines vierseitigen handschriftlichen Protokolls an zwei Kollegen kann zum Problem werden, wenn Sie gerade keinen Kopierer in der Nähe oder eine sehr schlecht zu entziffernde Handschrift haben.

Suchen außerhalb der Sortierung nicht möglich

Termine schlecht zu finden

Vielleicht sind Sie ebenso wie Ihr Zahnarzt immer schon vier Wochen im Voraus ausgebucht, wenn es um Termine geht, die längere Zeit in Anspruch nehmen. Wenn Sie nun bereits im Januar vorsorglich einen Termin für den nächsten Winter machen und nun im November plötzlich wissen möchten, wann Sie nun genau zum Zahnarzt wollten, müssen Sie die gesamten, inzwischen schon sehr stark verplanten nächsten Monate durchsuchen, um diesen Termin zu finden. Eventuell übersehen Sie ihn auch und müssen alles mehrmals durchgehen.

Dagegen würde es zwar helfen, die Termine einfach thematisch einzutragen, z. B. unter „Zahnarzt" oder „Präsentation Projekt XYZ", doch dann geht die Sucherei los, wenn Sie wissen möchten, ob Sie an einem bestimmten Tag noch einen Termin frei haben oder nicht.

Dieses Problem können Sie in den Griff bekommen, wenn Sie den Termin einfach zweimal eintragen – einmal thematisch und einmal im Kalender. Doch damit steigen benötigter Aufwand und Platz. Vor allem müssen Sie bei Terminänderungen immer an den im Kalender abgelegten Termin und sein thematisch einsortiertes Duplikat denken.

Das gezielte Suchen nach inhaltlichen Details bleibt trotz solcher Kunstgriffe unmöglich. Wenn Sie für Herrn Meier im nächsten Jahr ein Treffen mit vorläufiger Tagesordnung geplant haben und nun eine Übersicht von allen Besprechungen mit ihm und anderen haben möchten, bei denen die

Zuverlässigkeit eines bestimmten Produkts in der Tagesordnung auftaucht, bleibt Ihnen eine sehr langwierige Suche durch alle eingetragenen Tagesordnungen nicht erspart.

Gefahr des kompletten Datenverlusts

Praxis-Beispiel

Das verlorene Zeitplanbuch

Als eine Auswärtsbesprechung wesentlich länger dauert als geplant und Markus H. sich beeilen muss, um das Flugzeug zum nächsten Termin zu erwischen, passiert es: Nachdem er sich erschöpft in seinen Sitz fallen gelassen und sich erst einmal eine halbe Stunde Ruhepause gegönnt hat, möchte er mithilfe seines Zeitplanbuchs die nächste Besprechung gedanklich vorbereiten. Doch – es ist weg. Das dreimalige Durchsuchen seiner Jacke sowie seines Handgepäcks bleiben erfolglos. Hat er es verloren oder hat ein Dieb am Flughafen zugeschlagen?

Markus H. ist verzweifelt: Die Notizen für das bevorstehende Meeting, die ganzen Termine, seine Projektplanungen – einen Teil davon bekommt er notfalls noch aus dem Kopf zusammen, aber die Termine sind komplett verloren. Was soll er nur tun?

Kopien fertigen

Ein Zeitplanbuch verschwindet nur selten. Dennoch müssen wir auf unseren Seminaren leider immer wieder feststellen, dass der langjährige Nutzer, dem sein Planer auf der Messe geklaut oder dessen Wagen wegen eines auf dem Beifahrersitz liegenden Planers aufgebrochen wird, kein Einzelfall ist.

Wenn Sie Ihr Zeitplanbuch verlieren oder es Ihnen geklaut wird, sind alle enthaltenen Daten verschwunden. In vielen Fällen leider für immer. Denken Sie einmal darüber nach, was das für Sie bedeuten würde! Weisen Sie daher ausdrücklich und auffällig im Zeitplanbuch auf einen Finderlohn sowie Ihre Kontakttelefonnummer hin und fertigen Sie von Zeit zu Zeit eine Kopie der wichtigsten enthaltenen Daten an.

Experten-Tipp

Sichern Sie Ihre Daten – auch auf Papier

Einen Diebstahl oder Verlust Ihres Zeitplanbuchs können Sie niemals ausschließen. Scheuen Sie daher nicht den Aufwand für das regelmäßige Kopieren. Sollte Ihr Planer dann tatsächlich einmal abhanden kommen, wären die Kopien Ihre Rettung und die paar wenigen investierten Minuten pro Monat mehr als ihre Zeit wert.

Einträge für alle sichtbar

Keine Datensicherheit

Egal wo ihr Planer herumliegt, jeder kann darin alles nachschlagen und lesen, was Sie notiert haben. Auch wenn Sie nur kurz den Raum verlassen. Zum Glück haben die meisten Menschen Respekt vor der Privatsphäre anderer und werden keine fremden Zeitplanbücher durchwühlen. Doch spätestens, wenn Ihr Planer einmal gestohlen wird, kann das Ganze unangenehm werden. Nicht nur dann, wenn Sie zu Ihrer Kreditkartennummer gleich das Ablaufdatum daneben notiert haben.

Je nach Finder bzw. neugierigem Leser sind eventuell die ungeschützten Planzahlen, Betriebsgeheimnisse, ggf. notierte Passwörter, Verhandlungsziele, Kundenadressen, vertrauliche Telefonnummern, geheime Verabredungen, Ihre Finanzdaten oder Ihre Tagebucheinträge von Interesse.

Welche Stärken haben Planer aus Papier?

Papier ist fehler- und ausfallsicher

Solange Sie es nicht gerade irgendwo verlieren, fällt Ihr Zeitplanbuch nie aus und ist jederzeit voll einsatzbereit – Softwareprobleme gibt es nicht und Strom benötigen Sie auch keinen. Selbst wenn Ihnen der Planer einmal herunterfällt, können Sie nach dem Aufheben mit ihm weiterarbeiten. Uns ist lediglich ein Fall bekannt, bei dem auch ein Zeitplanbuch mit einem „Bluescreen“ das weitere Arbeiten verhinderte: Ein Enkelkind des Besitzers hatte sich den Planer zum Spielen stibitzt und Farbe darüber gekippt.

Unempflindlich gegen Bedienfehler

Auch ist Papier relativ unempfindlich gegen Bedienfehler: Auf Ihrem Handheld oder PC können Sie mit einem Knopfdruck an der falschen Stelle wichtige Daten versehentlich unwiederbringlich löschen. Eventuell bietet das Programm weder eine Sicherheitsabfrage noch eine Rückgängigfunktion, sodass schon ein Ausrutscher mit dem Eingabestift den soeben sorgsam markierten Text durch ein Leerzeichen ersetzt oder aus der Detailansicht eines Termins einen zweiten mit anderem Datum erzeugt, in den Sie noch den zweiten Teil der Beschreibung eingeben, bevor Sie das Missgeschick bemerken …

Lautloses Mitschreiben in hohem Tempo mit wenig Konzentration möglich

Jahrzehntelang gewöhnt

In Ihren Papierplaner können Sie – mit dem richtigen Stift – jederzeit und überall so gut wie lautlos in hohem Tempo hineinschreiben, ohne sich auf das Schreiben selbst konzentrieren zu müssen – schließlich sind wir das Schreiben auf Papier bereits jahrzehntelang gewöhnt. Selbst langjährige PDA-Benutzer brauchen zum Schreiben auf dem Gerät deutlich mehr Zeit und können sich dabei weitaus schlechter auf ihre Umgebung konzentrieren, als wenn sie auf Papier mitschreiben.

Papier ermöglicht also schnelleres Schreiben und erfordert dabei weniger Konzentration. So können Sie Ihrem Gesprächspartner am Telefon Ihre volle Aufmerksamkeit widmen oder der Ihnen gegenüber sitzenden Person aufmerksam in die Augen schauen, während Sie nebenher Notizen machen.

Experten-Tipp

Externe Tastatur zwar schneller, aber dem Papier nicht immer überlegen

Wenn Sie das Zehnfingersystem beherrschen, können Sie auf dem Notebook oder mit einer externen, gewohnt großen Tastatur für Ihren PDA eventuell sogar noch schneller schreiben, ohne auf die Tasten oder den Text schauen zu müssen.

Doch sind diese Tastaturen weder ganz billig noch für jedes PDA-Modell in guter Qualität erhältlich. Außerdem gibt es unterwegs genug Situationen, in denen es unpassend oder zu laut wäre, eine Tastatur aufzubauen und zu benutzen. Auch müssen Sie selbst mit einer faltbaren Tastatur immer einen weiteren großen und schweren Brocken bei sich tragen, um sie stets parat zu haben. Dadurch werden die Vorteile einer Tastatur doch in vielen Situationen schnell wieder aufgehoben. ◂

Mit Papier arbeiten Sie intuitiv

Keine Einarbeitungszeit

Niemand muss Ihnen erklären, wie Sie mit einem Bleistift einen Eintrag und eine Zeichnung für einen 17.00-Uhr-Termin in dem vor Ihnen liegenden Tagesplan eintragen – Sie können es bereits. In dem Moment, in dem wir beginnen, mit einem Zeitplanbuch zu arbeiten, beherrschen wir bereits das Schreiben, Skizzieren (wenn auch mehr oder weniger schön) und alle anderen Grundlagen. Wir können uns sofort darauf konzentrieren, die Grundlagen des Zeitmanagements selbst und im nächsten Schritt die effektive Nutzung des Zeitplanbuchs zu erlernen. Dabei müssen wir uns nicht wie bei elektronischen Planern zuerst in die Bedienung des Geräts einarbeiten.

Anpassungsfähig und individuell

Auch ist ein Zeitplanbuch leicht anpassbar: Wenn Sie wollen, können Sie im Tagesplan quer über die Linien schreiben. Sie können in verschiedenen Größen schreiben und überall durch beliebige Markierungen optische Betonungen einfügen. Wenn Sie Ihre Einträge in Steno oder hebräischen Schriftzeichen vornehmen möchten – kein Problem. Ins Datumsfeld der ToDo-Liste können Sie statt dem Datum auch den Namen eines Mitarbeiters eintragen, an den Sie die Aufgabe delegiert haben. Wenn Sie ein tolle Idee für ein neues Formular haben, können Sie eine Vorlage erstellen und diese kopieren oder ausdrucken, um Ihr individuell gestaltetes Formular zu benutzen oder auch vorhandene Formulare Ihren eigenen Wünschen anzupassen. Ob Sie ein Urlaubsfoto oder ein Bild eines wichtigen Ansprechpartners direkt in den Tagesplan kleben oder eine Probepackung Instant-Cappuccino am Rand lochen und am Tag der Dienstreise einheften möchten – für die Individualisierung Ihres Zeitplanbuchs setzen allein das maximale Fassungsvermögen sowie Ihre Kreativität die Grenzen.

Weiter gedacht bedeutet das, dass Sie auf Papier überall frei gestalten können. Sie können Bilder, Skizzen, Symbole, Pfeile, Verbindungslinien, Einkreisungen oder Wolken um markante Punkte, andere Illustrationen oder verschiedene Farben einsetzen, wo immer Sie möchten. Sie können bestimmte Wörter sehr groß und andere ganz klein schreiben, den Text beliebig drehen oder ihn „grafisch gliedern“. Wenn Sie die Technik des Mind-

Mapping beherrschen, können Sie sie an jeder Stelle einsetzen. Viele von uns ordnen bei Telefonnotizen die Stichworte auch unbewusst in einer ganz bestimmten, individuellen Form auf der Seite an, finden sich nachher im Text besser zurecht und haben einen besseren Überblick über die Zusammenhänge, als wenn sie den Text stur von links oben nach rechts unten abtippen.

Papier spricht beide Gehirnhälften an

Die Hirnforschung hat es inzwischen bewiesen: Wenn Sie nicht nur logisch-strukturiert denken und mitschreiben, sondern logisch strukturierte Aufzeichnungen grafisch auflockern sowie möglichst viele weitere Sinneseindrücke beteiligen, werden Sie kreativer, knüpfen mehr inhaltliche Verbindungen, finden sich in Ihren Aufzeichnungen später schneller zurecht und können sich die Daten besser merken.

Nutzen Sie die Möglichkeit, auf Papier beliebig Farben, Formen, Skizzen und Markierungen einzusetzen! Nutzen Sie gerade bei Besprechungsvorbereitungen und Stichwortmanuskripten für Ihre nächste Rede oder Präsentation verschiedene farbige Markierungen, Symbole, Leerräume auf der Seite sowie kleine Zeichnungen, damit jede Seite individuell aussieht. Wenn Sie sich mit entsprechend gestalteten Unterlagen vorbereiten, finden Sie sich beim großen Einsatz viel schneller und sicherer auf den Seiten zurecht.

Emotionale Bindung und bessere Merkbarkeit

Was Sie in Ihrer eigenen Handschrift notieren, können Sie sich besser merken. Sie identifizieren sich unbewusst viel stärker mit einem von Ihnen handgeschriebenen Text als einem getippten. Zudem besitzt Papier eine emotionale Komponente, die wir nicht treffend in Worte fassen können und die vielen Anwendern Sicherheit gibt und einfach gut gefällt. In unserer hektischen Hightech-Zeit ist analog bereits wieder Kult – Papier hat einen ganz eigenen Stil.

Auf Papier sind so gut wie alle Informationen verfügbar

Der Pizzaservice oder das Chinarestaurant direkt in der Nähe Ihres Büros haben fast nie elektronische Speisekarten, aber fast immer eine Papierversion zum Mitnehmen, die bequem in Ihr Zeitplanbuch passt – ebenso wie aus einem Fachmagazin ausgeschnittene oder kopierte Artikel oder unterwegs ausgehändigte Protokolle.

Fast alle Informationen, die Sie in elektronischer Form besitzen, können Sie ausdrucken und in Ihr Zeitplanbuch heften. Andersherum ist es schwieriger. Und während Sie die wichtigsten Daten bereits zwischen PC und PDA abgleichen können, gibt es noch immer etliche spezialisierte Programme, bei denen dies nicht funktioniert. Die Daten auszudrucken und in Ihr Zeitplanbuch einzuheften hingegen ist in fast jeder Anwendung möglich.

Aktuelle Infoblätter als Zugabe

Wenn Sie ein Jahreskalendarium für ein professionelles Zeitplansystem erwerben, bekommen Sie meist aktuelle Infoblätter dazu: Schulferien für die nächsten sieben Jahre, Telefonnummer für die Gift-Notrufzentrale, Kreditkartensperre, Reisewetteransage usw., eine Übersicht über gesetzliche und religiöse Feiertage in den einzelnen europäischen Ländern, Japan, Taiwan, Australien und den USA, Tempolimits und Notrufnummern im Ausland, Kalorien- und Reisekostentabellen, einen genauen Überblick, welcher Feiertag in welchem Bundesland gültig ist usw.

Das meiste davon brauchen Sie nicht? Ganz richtig – und exakt deshalb sind viele dieser Informationen in elektronischer Form nur schwer und mühsam zu bekommen. Zu Ihrem Zeitplansystem aus Papier bekommen Sie all diese Informationen dazu und können sich die fünf Blätter heraussuchen, die für Sie relevant sind.

Papier bietet den besseren Überblick

Papierplaner sind nicht nur aufgrund farbiger Markierungen und Zeichnungen an jeder beliebigen Position übersichtlicher. Gerade bei großen Übersichtsplänen über längere Zeiträume oder für das Ansehen größerer Struktogramme unterwegs ist Papier klar im Vorteil: Wenn das Ausklappen entsprechend gefalteter Seiten nicht mehr hilft, können Sie beliebig viele Seiten ausheften und nebeneinander legen.

Papier wirkt nach außen hin seriöser

Noch immer misstrauen viele Menschen der Elektronik. Sie erzeugt bei manchen Kunden den Eindruck der Überwachung oder wird zu Unrecht als Spielzeug abgetan.

Elektronik erzeugt Misstrauen

Etliche Versicherungen und Finanzberatungsunternehmen sind inzwischen dazu übergegangen, ihre Vertreter vor Ort zumindest bei Kunden über 30 zur Benutzung von Papier zu verpflichten – auch wenn der Berater kurz darauf im Auto bzw. später im Büro doch wieder alles abtippt. Das Notebook darf höchstens für Berechnungen oder Grafiken zur Veranschaulichung daneben stehen.

Wie ist ein gutes Zeitplanbuch aufgebaut?

Nachdem wir im zweiten Kapitel bereits besprochen haben, was alles in ein Zeitplansystem gehört, geben wir Ihnen nun eine kurze Übersicht darüber, welche Formulare und Organisationshilfen praktisch und wichtig sind.

Experten-Tipp

Das richtige Schreibwerkzeug

Um noch effektiver mit Ihrem Zeitplanbuch arbeiten zu können, benötigen Sie das richtige Schreibwerkzeug:

1. einen Druckbleistift, um auch auf minimalem Platz leserlich schreiben und Einträge später korrigieren zu können,
2. mindestens zwei Farbstifte oder schmale Textmarker, mit denen Sie Ihre Bleistiftnotizen farbig unterlegen können, ohne sie dabei zu verschmieren.

Die verschiedenen Planer im Überblick

Jahresübersichtsplaner

Jahresübersichtsformulare können Sie normalerweise ausfalten, da sie größer als Ihr Zeitplanbuch sind, um mehr Platz zu bieten.

CD-ROM

Der als Beispiel auf der CD befindliche Jahresübersichtsplaner zeigt Ihnen für das ganze Jahr auf einen Blick Feiertage, Kalenderwochen und den zu einem Datum gehörigen Wochentag. Sie haben noch genug Platz, um für bestimmte Zeiträume eine kurze Beschreibung wie „CeBIT“ oder „Norwegen-Urlaub“ hineinzuquetschen.

Nutzen Sie Ihre Textmarker, um Ihre bereits feststehenden Urlaubstage zu markieren. Wenn Sie noch weitere Markierungen zur Kennzeichnung wichtiger Zeiträume anbringen möchten, nutzen Sie einfach für den einen Zeitraum die obere Hälfte der Zeile, für den anderen die untere, falls sie sich überschneiden. Verwenden Sie für jedes Thema genau eine Farbe, also immer dieselbe und diese Farbe für keinen anderen Eintrag. Wenn Sie mit dem Farbsystem neu anfangen, schreiben Sie sich in eine Ecke des Formulars, was die Farben bedeuten. So haben Sie immer sofort den Überblick über wichtige Ereignisse wie Messen, kritische Projektzeiträume, Ihren Urlaub, den Urlaub Ihres Partners oder die Ferien Ihrer Kinder.

Urlaubs- und Projektplaner

Sie ahnen es bereits: Schon wenn Sie so viele verschiedene Ereignisse wie im letzten Beispielsatz aufgeführt im Auge behalten wollen, wird der Jahresübersichtsplaner zu eng. Dafür gibt es den Urlaubs- und Projektplaner.
Er bietet kaum noch Platz, um etwas in den Kalenderteil zu schreiben, hat dafür aber sieben Zeilen für jeden Tag zur Verfügung, sodass Sie mehrere Zeiträume auf einmal im Überblick und Vergleich mit Balken markieren können. Wenn Sie dafür mehrere Farben verwenden, fällt Ihnen die Orientierung noch leichter. Sie können den Planer z. B. für die verschiedenen Phasen eines Projekts nutzen. Oder für die Urlaubszeiträume Ihrer Kollegen und Mitarbeiter. Oder für Ihre eigenen Urlaubstage, diejenigen Ihres Partners, Ihrer besten Freunde sowie für die Schulferien der Kinder im Vergleich. Oder Sie benutzen mehrere Exemplare des Projektplaners, z. B. für verschiedene Projekte oder den Urlaubsvergleich.

Jahresüberblick auf CD

CD-ROM

Auf der CD finden Sie sowohl den Jahresübersichtsplaner als auch einen Urlaubs- und Projektplaner als Beispiel für Jahresübersichten zum Ansehen. Für 2004 und 2005 können Sie die Planer auch gleich ausdrucken und benutzen. ◂

Mehrjahreskalender

Wochen- und Feiertage der nächsten zehn Jahre

Der Mehrjahreskalender ist das Herzstück Ihrer Terminplanung. Er zeigt Ihnen Wochen- und Feiertage für die nächsten zehn Jahre, sodass sie bereits geeignete Termine für Veranstaltungen, Feiern und Kongresse mit mehreren Jahren Vorlauf finden können. Für das nächste Jahr bietet er noch genug Platz, um verschiedene Termine vorzumerken.

Gleichzeitig hat er für jeden Tag des aktuellen Jahres drei Spalten für die drei Tageszeiten, um feste Termine wie gebuchte Reisen, Messen, den nächsten Zahnarzttermin usw. aufzunehmen. Im Optimalfall ist er mit einer Plastikschutzhülle versehen und so gefertigt, dass Sie ihn mit einem Handgriff aus dem Zeitplanbuch nehmen und bequem dabeihaben können, wenn das gesamte Zeitplanbuch zu groß und schwer wäre.

Auch können Sie ihn für den Wochenüberblick des aktuellen Monats nutzen. Dazu blockieren Sie zusätzlich zu den bereits eingetragenen festen Terminen pro Tag noch einen bestimmten Zeitraum für B-Aufgaben – wir gehen ein paar Seiten später noch einmal darauf ein. Wenn Sie Ihre Termine auf Papier planen, ist die Kombination aus Mehrjahreskalender und Tageskalendarium (ein Tag auf zwei Seiten) in den meisten Fällen die optimale Lösung.

Vormerkkalender

In den Vormerkkalender tragen Sie alles ein, was kein festes Datum hat – z. B. Inspektionstermin Ihres Wagens für nächsten September – und setzen dann am Anfang des entsprechenden Monats einen Termin fest.

So nutzen Sie Ihren Mehrjahreskalender

- Kennzeichnen Sie Termine, die noch nicht sicher sind, mit einem Fragezeichen.
- Tragen Sie nur feste Termine ein – die Inspektion für Ihren Wagen erst dann, wenn Sie mit der Werkstatt Tag und Uhrzeit ausgemacht haben.
- Tragen Sie nur im Rahmen der Wochenplanung ein bis zwei B-Aufgaben in den Mehrjahreskalender ein – bis auf diese Ausnahme gehören alle Aufgaben auf Ihre ToDo-Liste!
- Umkreisen Sie das Datum von Tagen, an denen Sie nicht im Büro sind (freier Tag, Kundenbesuche). Ziehen Sie einen rechteckigen Block um Tage, an denen Sie sich weiter entfernt aufhalten, z. B. Auslandsurlaub, Dienstreise.
- Noch mehr Übersicht auf einen Blick schaffen verschiedene Farbmarkierungen für die Termine, z. B. für Besprechungen im Haus, externe Besprechungen, Kundenbesuche, Freizeit usw. Teilen Sie so viele zu Ihrem Alltag passende Kategorien ein, wie Sie Farben zur Verfügung haben.

- Kopieren Sie alle zwei bis sechs Wochen die nächsten zwölf Monate Ihres Mehrjahreskalenders komplett durch. Dann sind Sie nicht völlig verloren, wenn Sie Ihren Planer verlieren. Kopieren Sie lieber ein paar Monate zu viel im Voraus als zu wenig – wenn Sie normalerweise nur die nächsten drei Monate kopieren, wird es zur Gewohnheit und Sie werden Ihr Zeitplanbuch genau dann verlieren, wenn in sechs Monaten Entfernung ausnahmsweise einmal mehrere Termine eingetragen sind, die Sie beim Kopieren aus reiner Routine ausgelassen haben.
- Regelmäßiges Kopieren hat noch einen weiteren Vorteil: Sie können Ihrem Partner und Ihren Büroassistenten einen halbwegs aktuellen Plan dalassen, wann Sie sich wo aufhalten und wann Sie ausgebucht bzw. frei sind. ◂

Tages- und Wochenplanung

Für Ihre detailliertere Planung können Sie zwischen Tages- und Wochenkalendarien wählen.

Wochenkalendarium

Wir empfehlen Ihnen unbedingt, die Woche im Überblick zu planen (siehe S. 35). Um den Tag detailliert durchzuplanen, empfiehlt sich ein Tageskalendarium. Beides zusammen zu benutzen wird nicht nur ein wenig komplizierter, sondern macht Ihr Zeitplanbuch vor allem deutlich dicker. Um eine Wochenübersicht zu erhalten, können Sie meist auch den Mehrjahresplaner benutzen.

Checkliste: Ist für mich ein Wochenkalendarium praktisch?

Was	ja	nein
Unterliegen Sie überwiegend einer wöchentlichen Routine, bei der nur wenig Extratermine oder Verschiebungen anfallen (z. B. Studenten während der Vorlesungszeit)?		
Soll Ihr Zeitplanbuch so klein und dünn wie möglich bleiben?		
Haben Sie nur wenige feste Termine und arbeiten Sie lieber mit Aufgabenlisten, die Sie konsequent nach Priorität abarbeiten, wobei Sie pro Tag lediglich einen „Termin mit sich selbst“ mit fester Zeit zur Erledigung einer bestimmten Aufgabe festsetzen?		

Checkliste

Wissen Sie bereits aus Erfahrung, dass Sie mit wenig Platz pro Tag auskommen und außerdem sehr gerne die Woche mit mehr Details als im Mehrjahreskalender im Überblick behalten möchten?		

Links oben können Sie eine Wochenpriorität notieren – ein bis zwei B-Aufgaben, die Sie in dieser Woche unbedingt erledigen möchten. Ansonsten gehen Sie beim Ausfüllen des Wochenkalendariums wie bei einem Tagesplan vor, nur dass Sie wesentlich weniger Platz, aber dafür sieben Tage auf zwei Seiten haben.

Linke Seite

Die Tagesplanung werden wir ein paar Seiten später detailliert anhand des Tageskalendariums (ein Tag auf zwei Seiten) besprechen. Dabei dient die rechte Seite für Termine und Aufgaben, während die linke Seite Platz für Notizen lässt. Wann immer Sie eine Information schneller notieren müssen, als Sie den richtigen Platz in Ihrem Zeitplanbuch dafür aufschlagen können, halten Sie sie auf der linken Seite fest. In einer Minute Wartezeit zwischendurch oder spätestens bei der nächsten Tagesplanung werten Sie sie dann aus.

Es gibt auch Kalendarien ohne diese linke Seite, die entsprechend nur halb so viel Platz benötigen. Sie müssen dann entweder sofort jede aufgeschriebene Information exakt an der richtigen Stelle einsortieren oder einfach ein leeres Blatt an anderer Stelle zum Sammeln benutzen und die Informationen jeweils spätestens am Tagesende diszipliniert übertragen.

CD-ROM

Undatierte Tages- und Wochenpläne

Auf der CD finden Sie leere, undatierte Tages- und Wochenpläne. Sie können sie zum Üben verwenden oder für drei bis vier Wochen als Test, ob Sie mit einem Wochen- bzw. Tageskalendarium bzw. Papier generell gut auskommen.

Auch wenn Sie bereits das für Sie optimale Kalendarium gefunden haben, können Sie es für bestimmte Situationen ergänzen: ein Extra-Wochenplan als Ergänzung zum Tageskalendarium für Messezeiten, in denen der Platz in Ihrem Mehrjahreskalender nicht mehr für Ihren Wochenüberblick mit den wichtigsten Terminen ausreicht – oder andersherum Tagespläne als Ergänzung zu Ihrem Wochenkalendarium für Zeiten, in denen der sonst ausreichende Platz in Ihrem Wochenkalendarium zur Neige geht.

Worauf muss ich bei der „Hardware" achten?

Ihr Kalendarium und alle weiteren Blätter heften Sie in Ihre Lederhülle. Dabei helfen Register zur Unterteilung, jeweils mit einem Griff die wichtigsten Seiten aufzuschlagen. Setzen Sie gerade bei der Auswahl dieser Komponenten und insbesondere der Ringmechanik auf Qualität und einfache, leichtgängige Bedienung.

Lederringbuch

Entscheiden Sie sich – wenn nicht schon durch Ihren Platzbedarf im Kalendarium fest vorgegeben – für ein Format. Was ist für Sie passender? Handlich klein, vielleicht sogar schmal genug für die Westentasche, oder groß und dick mit viel Platz für intensives Planen, etliche Notizen mit übersichtlichen Skizzen, Preislisten sowie unterwegs erhaltene Prospekte?

Danach können Sie aus etlichen Modellen wählen. Bei Anbietern wie tempus können Sie sich sogar Ihre eigene Farbkombination zusammenstellen oder eine ins Zeitplanbuch einheftbare, auf das Modell Ihres Handhelds maßgeschneiderte Hülle zur Integration des elektronischen Begleiters in Ihren Papierplaner bekommen.

Details

Überlegen Sie, welche Details für Sie sinnvoll sind.

- Mehrere Stiftlaschen,
- ein Clip zum Verschließen des Planers,
- Fächer für Briefmarken,
- Hülle für ein paar Euro-Scheine als Notgroschen sowie
- Fächer für Tank- und Versicherungskarten

können sich auf die Dauer als sehr nützlich erweisen.

Register

Achten Sie auf ein übersichtliches, stabiles Register mit ausreichend vielen Unterteilungen. Farben helfen Ihnen, ohne großes Suchen sofort das richtige Register zu greifen. Im Optimalfall haben Sie zusätzlich

- eine Griffhilfe für Ihre Aufgabenliste sowie
- eine für den aktuellen Tag,

die Sie ohne Öffnen der Ringmechanik aus- und einheften können. Sie sollte trotzdem stark genug sein, um damit mehrere Seiten anzuheben. Mit einem solchen „Heute-Lineal", das Sie nach Abschluss der Tagesplanung in den aktuellen Tag klemmen, können Sie mit einem Griff das heutige Datum aufschlagen.

Aus den weiteren Registern können Sie sich nach Belieben Ihre Datenbank zusammenstellen. Unterteilen Sie, wie es für Sie am praktischsten ist, z. B.

- Projekt A, B und C,
- Finanzen & Haushalt,
- weitere Formulare & Checklisten,
- Adressen,
- Ideenspeicher,
- Infoblätter (beispielhafte Aufzählung siehe im folgenden Abschnitt) und
- Notizblätter.

Experten-Tipp

Adressregister nutzen

Wenn Sie Ihre Adressverwaltung elektronisch erledigen, können Sie die alphabetischen Papp- oder Plastikregister, die guten Zeitplanbüchern bei der Auslieferung beiliegen, zum Sortieren verwenden. Wenn Sie unterwegs Informationen auf Papier ausgehändigt bekommen, können Sie diese z. B. nach Ansprechpartner oder Projektnamen sortiert im Register verstauen. Wenn das für Sie keinen Sinn macht oder Sie Ihr Zeitplanbuch möglichst schlank halten wollen, heften Sie das überflüssige Adressregister (wie auch alle anderen Blätter, die Sie nicht benötigen) einfach aus. ◀

Formulare und Infoblätter

Zeitplanbuch möglichst schlank halten

Mit professionellen Zeitplansystemen bekommen Sie – meist jahresaktuell mit dem Kalendarium – hervorragende Infoblätter mit allen nur denkbaren Infos zum Nachschlagen. Suchen Sie sich die paar heraus, die Sie wirklich benötigen, um Ihr Zeitplanbuch schlank zu halten.
Achten Sie bei der Auswahl Ihres Planers auch auf hochwertige, zahlreiche Infoblätter. Die meisten Infos gibt es zwar umsonst und sie sind leicht zu finden, aber in verschiedenen Formaten und aus verschiedenen Quellen. Meist haben Sie sie gerade dann nicht zur Hand, wenn Sie sie benötigen. Daher sind sie passend für Ihr Zeitplanbuch zum Einheften am besten aufgehoben und damit unterwegs immer griffbereit. Praktische Infoblätter sind z. B. die folgenden:

Praktische Infoblätter

- Ausländische Feiertage,
- Auslandstelefonvorwahlen,
- Autobahnfahrzeiten,
- Checkliste für Verkehrsunfälle (Versicherungen, Erste Hilfe),
- Ferienkalender für Schulferien und Sommerferien der nächsten Jahre,
- Messekalender,
- Postentgelte,
- Reisekostentabellen,
- Tempolimits in Europa,
- Weltzeitzonen.

Pfiffige Formulare erhöhen die Nützlichkeit Ihres Zeitplanbuchs enorm und rüsten es zum Finanzplaner und Verwaltungsgenie auf.

Nützliche Formulare für Ihr Zeitplanbuch

Wir haben für Sie auf Ihrer CD einige interessante Formulare der Firma tempus (www.tempus.de) zusammengestellt, mit denen Sie Ihr Zeitplanbuch beliebig oft bestücken können.

Wie plane ich meinen Tag auf Papier?

Nun kommen wir zum letzten Teil dieses Kapitels, in dem wir Ihnen ein paar kleine Tipps zur Tagesplanung auf Papier geben.

Bevor Sie zur Tagesplanung übergehen

- Arbeiten Sie bitte zuerst die Zeitmanagement-Grundlagen im ersten Kapitel durch.
- Legen Sie im Datenbankteil Ihres Zeitplanbuchs einen Teil für Ihre langfristigen und kurzfristigen Ziele, Ihre Lebensrollen sowie für die Dinge, die Sie im nächsten Jahr und Quartal erreichen wollen, an.
- Erstellen Sie Ihren Masterplan.

- Ganz wichtig ist, dass Sie Ihre Rollen und Ziele aufschreiben, diese Liste immer wieder durchlesen, sie gegebenenfalls anpassen, erweitern und korrigieren.

Beginnen Sie immer mit der Wochenplanung

Reservieren Sie sich am Ende der Woche einen Termin, um die nächste Woche zu planen – Freitagabend vor Verlassen des Büros, in Ruhe am Samstagvormittag oder Sonntagabend als krönender Abschluss der vollen Woche – ganz, wie es Ihnen am besten liegt.

Experten-Tipp

Nutzen Sie Farbcodes für Prioritäten

Farben sind optimal, um Prioritäten zuzuweisen. Ein gelber Textmarker ist im Lieferumfang vieler Zeitplanbücher enthalten und passt in eine der beiden Stiftlaschen. Benutzen Sie ihn für C-Aufgaben (siehe S. 24). Verwenden Sie dazu noch einen roten Marker für B-Aufgaben (siehe S. 23). Die meisten Zeitplanbücher haben auf der vorderen oder hinteren Innenseite Fächer integriert, sodass Sie den Marker dort einklemmen oder ihn bei geschlossenem Zeitplanbuch zwischen die Ringmechanik stecken und mithilfe des Clips an der Markerkappe am Buchrücken befestigen können.

A-Aufgaben (siehe S. 23) markern Sie mit den beiden Stiften hintereinander, sodass sie orange unterlegt sind. Wenn eine B-Aufgabe plötzlich durch höhere Dringlichkeit zur A-Aufgabe wird oder Sie die Wichtigkeit einer vermeintlichen C-Aufgabe unterschätzt haben und erst später erkennen, können Sie mit diesem System auch einfach „Prioritäten upgraden". Sie sehen so auf einen Blick und ohne eine spezielle „Prioritätenspalte", was Sie als Erstes erledigen müssen und was auf keinen Fall verschoben werden darf. Wichtig ist, dass Sie beide Farbstifte immer dabei und im Schreibtisch einen Reservesatz für den Fall haben, dass sie abgenutzt sind.

Umheften und Übertragen

Übertragen Sie alle unerledigten Aufgaben der Vorwoche in Ihre Aufgabenliste, sofern Sie dort nicht bereits verzeichnet sind.

Heften Sie die dann alte Woche aus (werfen Sie sie nicht weg, sondern heften Sie sie in einen Archivordner. So können Sie später noch einmal nachschlagen und haben auch in einigen Monaten einen Überblick über Ihre damaligen Aktivitäten). Heften Sie nun eine neue Woche ein.

Experten-Tipp

Drei bis fünf Wochen im Voraus

In der Praxis hat es sich am besten bewährt, immer die Tagespläne für drei bis fünf komplette Wochen im Voraus einzuheften – je nachdem, wie dick Ihr Zeitplanbuch werden darf. So können Sie bereits jetzt Stichpunkte für die halbtägige Besprechung am Dienstag in drei Wochen direkt neben dem Termin im Tagesplan notieren. ◂

Alle anderen festen Termine, zu denen Sie noch keine umfangreichen Details notiert haben, sind in Ihrem Mehrjahreskalender (siehe S. 67) eingetragen.

Übertragen Sie diese Termine für die kommende Woche nun in Ihre Tagespläne und kennzeichnen Sie sie mit einem Symbol für Auswärtsaktivitäten, wenn Sie unterwegs sind. Ziehen Sie für den schnellen Überblick einen Strich neben verplante Zeiträume, also z. B. eine waagerechte Linie um 10.00 Uhr und eine um 12.00 Uhr, die Sie dann durch eine senkrechte Linie verbinden, um diesen Zeitraum als komplett für Ihr Meeting verbucht zu kennzeichnen.

Experten-Tipp

Geburtstage rechtzeitig übertragen

Übertragen Sie aus Ihrem Geburtstagskalender die Geburtstage der übernächsten Woche. So haben Sie in der nächsten Woche noch genug Zeit, eine schöne Karte zu besorgen, sich um ein Geschenk zu kümmern oder einen Besuch vorzubereiten bzw. rechtzeitig einzuplanen. ◂

Vormerkkalender

Wenn Sie das Formular „Vormerkkalender“ zur Erinnerung an in einem bestimmten Monat fällige Aktivitäten ohne genauen Termin verwenden, schauen Sie nach, ob für den aktuellen Monat noch Aktivitäten offen sind, denen Sie einen Termin zuweisen können.

ToDo-Liste

Nehmen Sie Ihre ToDo-Liste zur Hand. Schauen Sie sich die offenen, unerledigten Aufgaben, die Sie im Laufe der Woche nicht erledigt haben, noch einmal an und bedenken Sie, dass Sie mit jeder Aufgabe Ballast in die Folgewoche mitschleppen.

- Was können Sie streichen?
- Was bringt Sie Ihren Zielen wirklich näher?
- Was ist unbedingt erforderlich?

Je mehr Sie streichen, desto mehr Zeit haben Sie für die wirklich wichtigen Dinge, die Sie nach vorne bringen.
Schreiben Sie danach eine neue Aufgabenliste und werfen Sie die vorige ins Altpapier. Überlegen Sie, welche neuen Aufgaben hinzukommen, und passen Sie gegebenenfalls die Prioritäten an.

Das Wichtigste in der Woche mit dem Kieselprinzip unterbringen

Praxis-Beispiel

B-Aufgaben in der Wochenplanung

Erik N. plant an jedem Tag eine Schlüsselaufgabe für eine seiner Lebensrollen ein. Auch an die Planung von Sport und nötigen Entspannungspausen nach langen Aktivitäten denkt er.

Am Mittwoch wird er im ICE drei Stunden zu einer wichtigen Auswärtsbesprechung fahren, die bis zum späten Abend dauern wird. Einen Tischplatz in der ersten Klasse, der an Werktagen um diese Zeit auf der Strecke sehr ruhig und daher ideal zum Arbeiten ist, hat er bereits reserviert. Im Zug unterbrechen ihn auch weder Telefon, E-Mail noch vorbeischlendernde Kollegen. So wird er sich voll auf die erste Vorbereitung seiner in zwei Monaten stattfindenden Vorstandspräsentation in seiner Abteilungsleiterrolle konzentrieren können, die er als B-Aufgabe fest in diesen Zeitraum legt. Damit hat er für eine Rolle die B-Aufgabe der Woche bereits untergebracht.

In der Besprechung, zu der er am Mittwoch unterwegs sein wird, befindet er sich in seiner Rolle als Marketingmanager für ein bestimmtes Produkt. Er hat bereits alles vorbereitet, aber da es um sehr wichtige Schlüsselentscheidungen gehen wird, hat er als B-Aufgabe für diese Rolle in dieser Woche noch einmal die Überarbeitung seiner Präsentation und Argumentationsvorbereitung angesetzt. Er plant sie für Montagmorgen. Die meisten seiner Kollegen und Mitarbeiter treffen montags erst nach 10.00 Uhr ein. Erik N. ist Frühaufsteher und nutzt die Zeit von 07.30 bis 10.30 Uhr daher immer für einen ungestörten Termin mit sich selbst, den er diese Woche mit der besagten letzten Besprechungsvorbereitung in der Marketingmanager-Rolle füllt ... ◄

Lesen Sie noch einmal die Informationen zur Wochenplanung mit dem Kieselprinzip im ersten Kapitel nach (S. 35). Planen Sie nun für jede Lebensrolle mindestens eine B-Aufgabe im Laufe der Woche ein. Am einfachsten ist es, jeden Tag genau eine Rolle zu verplanen, sodass Sie in der Woche alle Rollen einmal untergebracht haben. Wenn ein Tag bereits komplett blockiert ist, setzen Sie für ihn keine B-Aufgabe und dafür am nächsten bzw. vorigen zwei an. Planen Sie so jeden Tag mindestens einen Termin mit sich selbst, den Sie auch nicht für andere Aktivitäten verschieben, wenn es nicht unbedingt sein muss. Füllen Sie einfach Ihre Planung im Mehrjahreskalender mit den B-Aufgaben als Wochenplanung auf.

Experten-Tipp

Überladen Sie sich nicht

Im Mehrjahreskalender ist nur Platz für zwei bis vier Termine pro Tag – und genau das ist der Trick: Überladen Sie sich nicht. Denken Sie an Pufferzeiten und die 60:40-Regel. Im Rahmen der Tagesplanung werden Sie später weitere Termine sowie Aufgaben für den Tag hinzufügen. Verplanen Sie nur das Allerwichtigste im Rahmen der Wochenplanung.

Praxis-Beispiel

Auch private B-Aufgaben planen

In seiner Rolle als Vater blockiert Erik N. Freitag Nachmittag ab 16.00 Uhr vier Stunden. Er hat seiner Tochter versprochen, mit ihr um 17.00 Uhr ins Erlebnisbad zu fahren. Er markiert noch eine Stunde Pufferzeit vorher in seinem Plan, die er in jedem Fall frei lassen wird, damit er notfalls noch Unvorhergesehenes unterbringen kann.

Mittwochabend plant er im Hotel eine ruhige Stunde ein, um mal wieder mit einem alten Freund zu telefonieren. Wenn er Donnerstagabend von der zweitägigen Reise zurückkehrt, übernachtet seine Tochter bei Freunden und seinen jüngeren Sohn hat er bei den Großeltern zum Babysitten untergebracht, sodass der Abend seiner Rolle als Ehemann gehört. Er belegt ihn mit einem Doppeltermin: Nach einem gemütlichen Essen mit seiner Frau wird er mit ihr noch in aller Ruhe am Rhein spazieren gehen und den Sternenhimmel genießen. So plant er für jede seiner Lebensrollen eine Schlüsselaufgabe für die kommende Woche als festen Termin ein.

Auch Ruhepausen und Sport kommen nicht zu kurz: Leider muss er Samstag noch einmal ins Büro fahren. Dafür wird er Montag und Samstag jeweils mittags einen halbstündigen Spaziergang im nahe gelegenen Park einbauen. Dienstag, Mittwoch auf der Reise und Sonntag wird er abends je 45 Minuten joggen. Und um Donnerstag Nachmittag wieder gut erholt zu Hause anzukommen, beschließt er, auf der Rückfahrt im Zug nicht mehr zu arbeiten, sondern eine DVD auf seinem Notebook anzuschauen. Ein Freund hatte ihm „The Insider" mit Al Pacino empfohlen. Diesen Film, in dem es um Werte und Integrität im Kampf eines Mannes gegen einen mächtigen Großkonzern geht, wollte er schon lange einmal sehen. Und dass er auf einer wahren Begebenheit beruht, macht ihn nur noch spannender. Er trägt gleich für Dienstag den Gang zur Videothek in seinen Planer ein.

Die folgende Checkliste hilft Ihnen bei Ihrer Wochenplanung. Sie finden sie wie jede andere Checkliste aus diesem Ratgeber selbstverständlich auch auf Ihrer CD-ROM und können Sie bequem in Ihre Textverarbeitung übernehmen und ausdrucken.

Checkliste Wochenplanung

Was	ja	nein
Habe ich unerledigte Aufgaben der Vorwoche in die ToDo-Liste übertragen?		
Habe ich die alte Woche aus- und dafür die neue eingeheftet?		
Habe ich feste Termine aus dem Mehrjahreskalender in die Tagespläne übertragen?		
Habe ich die Geburtstage der übernächsten Woche übertragen?		
Habe ich die Aktivitäten aus dem Vormerkkalender gesichtet und ggf. Termine geplant?		
Habe ich möglichst viele Punkte der alten Aufgabenliste gestrichen?		
Habe ich neue Aufgaben für die Woche hinzugefügt?		
Habe ich Prioritäten gesetzt?		
Habe ich für jede Lebensrolle eine B-Aufgabe als festen Termin geplant?		
Habe ich auf Pufferzeiten, Reisezeiten sowie Zeiten für Sport und Erholung geachtet?		

So erstellen Sie einen Tagesplan

Nun geht es daran, Ihren Tag konkret zu planen. Erstellen Sie täglich abends Ihren Tagesplan für den nächsten Tag. Er baut auf Ihrem zu Beginn der Woche oder bereits am Ende Ihrer Woche erstellten Wochenplan auf und verfeinert die Planung für den jeweiligen Tag weiter.

Nehmen Sie sich Zeit für die Tagesplanung

Der Tag ist die kleinste und überschaubarste Einheit Ihrer persönlichen Zeitplanung. Wer sein Tagesgeschäft nicht im Griff hat, wird auch langfristige Ziele kaum erreichen.

Acht bis zehn Minuten

Wir haben über Jahre hinweg Tausende unserer Seminar- und Kongressteilnehmer befragt, wie lange es dauert, einen Arbeitstag gut zu planen. Die übereinstimmende Antwort lautet: acht bis zehn Minuten. Nehmen Sie sich diese Zeit, um Ihren Tag zu planen.
Ein Rat zu Beginn: Fangen Sie früh an. Beginnen Sie den Tag zu früher Stunde und bereits mit fertigem Tagesplan, um einen guten, produktiven Start zu erwischen. Fangen Sie sofort mit der wichtigen Arbeit an – und nicht mit Kaffeetrinken, Small Talk oder Zeitunglesen.
Für den Tagesplan empfehlen wir Ihnen, ihn auf Ihrer Aktivitätenliste aufzubauen (auch ToDo-Liste oder Aufgabenliste genannt). Und so gehen Sie vor:

So planen Sie Ihren Tag

- Planen Sie am besten am Vorabend den neuen Tag. Übertragen Sie alles, was Sie heute nicht erledigen konnten, in Ihre separate ToDo-Liste.
- Überprüfen Sie Ihre ToDo-Liste, indem Sie Prioritäten vergeben. Was aus der Liste muss morgen erledigt werden?
- Schreiben Sie im ToDo-Teil des Kalendariums alle Aktivitäten auf, die am nächsten Tag zu erledigen sind. Sie finden hierzu vier Felder im Tagesplan:
  - Briefe/E-Mails,
  - Anrufe,
  - „Selbst erledigen" und

- „Veranlassen" (für delegierte Aufgaben – wenn Sie niemanden zum Delegieren haben, können Sie dieses Feld für weniger wichtige Aufgaben, das Sammeln neuer Aufgaben, die im Laufe des Tages hinzukommen, eine Einkaufsliste für den Nachhauseweg oder Ähnliches nutzen – lassen Sie Ihrer Kreativität freien Lauf).

- Tragen Sie ganz oben auf der Seite hinter „Priorität" Ihr „ToDo of the day" ein, die wichtigste Aufgabe des Tages. Erledigen Sie diese vor allen anderen Aufgaben.
- Machen Sie sich eine zusätzliche Liste von kleinen Aufgaben, die nur einige Minuten benötigen. Wenn Sie zwischendurch kurze Leerläufe haben, erledigen Sie eine dieser Aufgaben. Das „Veranlassen"-Feld ist hierfür ideal, wenn Sie keine Verwendung dafür haben. Benutzen Sie ansonsten einen Teil der linken Seite.
- Benutzen Sie Ihre Farbstifte, um die Aufgaben entsprechend ihrer Priorität mit Farben zu versehen. So erkennen Sie auf einen Blick das Wichtigste.
- Denken Sie an die 60:40-Regel und an Pufferzeiten. Wenn Sie in Ihrem Tagesplan noch genug unverplante Zeiten (bisher sind Ihre festen Termine inklusive Ihrer „Termine mit sich selbst" für die B-Aufgaben der Wochenplanung eingetragen) frei haben, dann planen Sie noch ein bis zwei Termine für die wichtigsten Aufgaben Ihrer Liste ein.
- Wann immer Sie zwischen fest geplanten Terminen Zeit ohne Störungen übrig haben, arbeiten Sie die nächstwichtigste Aufgaben Ihrer ToDo-Liste ab.
- Denken Sie daran, alle 60 Minuten bis drei Stunden (je nach Typ der Aufgabe und Ihrer Persönlichkeit) eine kurze Pause von drei bis fünf Minuten einzulegen, dann kommen Sie danach schneller voran und sind relaxter.
- Nehmen Sie sich die Zeit, in Ruhe zu essen, und legen Sie nach dem Essen wenn möglich eine halbe Stunde Pause ein. Ein Nickerchen, progressive Muskelentspannung oder ein Spaziergang an der frischen Luft helfen Ihnen, am Nachmittag wieder Ihre volle Leistung zu erreichen und die halbe Stunde mehr als aufzuholen.
- Alle Aufgaben, die abends noch offen sind oder im Laufe des Tages neu hinzukommen und die Sie nicht heute abarbeiten können, tragen Sie in Ihre ToDo-Liste ein. ◂

Aktivitätenliste für den Tag

Aufgabe	Priorität	erledigt?
Herrn Neumann wg. PC anrufen	B	
Verpackungsdesign prüfen	C	
Monatsreporting für Vorstand fertig stellen	A	
Entwurf Produktbeschreibung	B	
Versch. Teesorten für Meeting besorgen	C	
Werbeprospekte überfliegen	D	
...		

Was tun mit der leeren linken Seite im Tagesplan?

Manchmal fehlt einfach die Zeit, um Dinge sofort an der richtigen Stelle abzulegen. Stellen Sie sich vor, ein Kollege ruft an und teilt Ihnen in drei hektischen Mammutsätzen so viele Informationen mit, dass Sie daraus fünf Notizen zu zwei verschiedenen Projekten und vier anstehende Aufgaben erzeugen müssen, um alles korrekt weiterzuverarbeiten. Da er auf dem Sprung ins nächste Meeting ist, hat er keine Zeit, Sie alles sofort an der richtigen Stelle eintragen zu lassen. Sie wollen alles zumindest stichwortartig notieren, bevor er auflegt. In genau diesem Moment kommt Ihr Chef auf Sie zu, um Ihnen eine wichtige und dringende Aufgabe zu übertragen. Notieren Sie also Stichpunkte auf der linken Seite und tragen Sie während der nächsten kurzen Leerlaufphase alles korrekt an seinen Platz ein, um es danach durchzustreichen. Übertragen Sie die Notizen spätestens abends bei der Planung des Folgetages korrekt und vollständig an die entsprechenden Stellen in Ihrem Zeitplanbuch – sonst vergessen Sie es oder zumindest einige der Details zu den Stichpunkten bis zum nächsten Tag.

Wenn Sie es schaffen, immer sofort alles an der richtigen Stelle einzutragen, ist das natürlich umso besser. Sie können die linke Seite auch für weitere Detailplanungen zu einzelnen Punkten des Tagesplans nutzen. Setzen Sie dafür eine kleine eingekreiste Zahl neben den Punkt im Tagesplan, z. B. eine „1“ vor einen Auswärtstermin. Schreiben Sie auf die linke Seite dann neben die eingekreiste „1“ Ihre Anfahrtsbeschreibung, um in der Straße das richtige Gebäude zu finden.

Experten-Tipp

Tipps zur Tagesplanung auf Papier

- Nutzen Sie Symbole, um den Stand Ihrer Aktivitäten zu dokumentieren, z. B. einen Pfeil für „Aufgabe musste verschoben werden", einen Kreis für „delegiert", einen Kreis mit Haken für „delegiert und erledigt zurückgemeldet", einen durchgestrichenen Telefonhörer für „nicht erreicht", eine Sprechblase für „Nachricht auf Anrufbeantworter hinterlassen" usw.
- Bündeln Sie Aufgaben wie Telefonate, E-Mails/Briefe schreiben und andere kurze Kleinigkeiten, um sie im Block zu erledigen.
- Rufen Sie nur zweimal am Tag Ihre E-Mails ab, sofern Sie keine dringende Nachricht erwarten und nicht im Kundenservice, der Bestellannahme o. Ä. arbeiten.
- Richten Sie stille Stunden für ungestörtes Arbeiten ein: Kommen Sie bei Gleitzeit z. B. etwas eher oder gehen Sie später oder schalten Sie während der Mittagszeit für eine Stunde den Anrufbeantworter ein, obwohl Sie anwesend sind.
- Wenn Sie etwas Übung im Erstellen Ihrer Aufgabenlisten haben, fügen Sie jeder Aufgabe ein Fälligkeitsdatum hinzu. Erledigen Sie eine Aufgabe bis dahin oder lassen Sie sie fallen, wenn Sie sie bisher dauernd verschoben haben und darauf verzichten können. Fragen Sie sich jedes Mal: „Was passiert schlimmstenfalls, wenn ich diese Aufgabe nicht erledige? Trägt diese Aufgabe zu meinen Zielen bei? Was könnte ich stattdessen Besseres tun?"
- Manche Anwender schwören auf einen so genannten Wochenkompass. Dabei handelt es sich um ein Formular, das Sie mit den wichtigsten ein bis zwei Schlüsselaufgaben für jede Lebensrolle sowie Ihren mittelfristigen Zielen beschriften und in Ihren Tages- oder Wochenplan legen, um diese Informationen immer im Blick zu haben und sich auf das Wesentliche auszurichten.
- Unterteilen Sie Ihre Aufgabenliste in verschiedene Bereiche. Das können Ihre Lebensbereiche sein, Projekte oder Orte. Zum Beispiel können Sie bestimmte Dinge nur im „Büro" erledigen, andere nur „zu Hause", wieder andere in der „Innenstadt" oder auch „überall". Wenn Sie dann gerade zu Hause sind, brauchen Sie sich nicht mit Aufgaben fürs Büro oder Einkaufsaufgaben für die Innenstadt den Blick auf das zu verstellen, was Sie vor Ort tatsächlich erledigen können. ◀

Führen Sie ein Zeitnutzungsprotokoll

Für diesen letzten Tipp werden Sie uns hassen – bis Sie es ein paar Tage konsequent ausgefüllt und dann einmal ausgewertet haben. Das Schöne an der Sache: Je mehr Sie diese Aufgabe verabscheuen, desto weniger kennen Sie wahrscheinlich Ihr genaues Zeitverhalten (dies hängt auffällig oft zusammen) und desto höher wird der Nutzen aus dieser Übung für Sie sein. Schreiben Sie einfach jedes halbe Jahr einmal für drei typische Tage lang konsequent alles einzeln auf, wofür Sie länger als 15 Minuten benötigen. Kürzere Tätigkeiten fassen Sie unter einem Oberbegriff zusammen („20 min. verschiedene Anrufe").

Man verschätzt sich leicht

Die meisten von uns staunen oder sind entsetzt, wie sehr sie sich für einzelne Aktivitäten in der Planung verschätzen und wie viel Zeit sie vertrödeln. Oft hilft bereits das Aufschreiben während des Tages, um deutlich effektiver zu werden. Etliche unserer Seminarteilnehmer fangen diese Übung gar nicht erst an, weil sie ihnen zu mühsam oder peinlich klingt. Von den anderen berichten einige über so dramatisch heilsame Erkenntnisse bei der Auswertung, dass man es in ihrer Arbeitsüberlastung quasi so formulieren könnte: „Das Zeitprotokoll hat mir das Leben gerettet."

Welche Stärken und Tücken hat die elektronische Planung?

Praxis-Beispiel

Ist elektronische Planung wirklich schon ausgereift?

Peter S. ist unter anderem Mitherausgeber eines monatlichen Magazins, Gesellschafter eines Reisebüros, erster Vorsitzender eines Missionswerks und Eheberater. Um alles im Griff zu behalten, nutzt er systematisch ein professionelles Zeitplanbuch. Seit einiger Zeit spielt er mit dem Gedanken, auf elektronische Planung umzusteigen.

Doch einige Bedenken hat er dabei noch. Wie ist es mit der Datensicherheit, wenn dem Gerät einmal der Strom ausgeht? Bestimmt wird man die Daten recht einfach und schnell mit dem PC abgleichen und damit sichern können. Aber ärgerlich wäre es trotzdem, erst einmal nicht mehr weiterarbeiten zu können und die seit der letzten Sicherung eingegebenen Daten verloren zu haben. Und wie ist es mit der Übersicht? Er kann sich nicht vorstellen, auf so einem kleinen Gerät den Monat im Überblick zu haben.

Auch hat er schlechte Erinnerungen an die Erfahrungen von Handheld-Besitzern aus seinem Umfeld: Ein Bekannter beispielsweise hat sich einen PDA zugelegt, mit dem er seine Termine plant – und regelmäßig einige von ihnen einfach vergisst. Auch ist er bei gemeinsamen Planungen immer der letzte und braucht länger als alle Papierbenutzer. Allerdings ist sich Peter S. nicht sicher, ob sein Bekannter die Termine mit einem Papierzeitplanbuch wirklich besser im Griff hätte ... ◂

Die hohe Lernkurve und Komplexität elektronischer Lösungen

Komplexe Programme

Heute wird auch von Personen, die sich mit EDV sehr schwer tun, verlangt, mit hochkomplexen Programmpaketen zu arbeiten. Oft ganz ohne Schulung, nur durch kurze Tipps von Kollegen oder bestenfalls mit der Bitte eingewiesen, zu Hause ein Buch zu lesen – obwohl für manche Software selbst schnell lernende EDV-Profis eine mehrtägige Schulung benötigen, bevor sie alle Funktionen beherrschen! Die meisten Anwender benötigen längst nicht alle der erweiterten Funktionen. Doch der Teufel steckt im Detail: Wer etwa im falschen Moment die komplette Menüleiste einer Anwendung ausblendet und nicht weiß, wie er sie wieder einblenden kann, ist ohne kompetenten Kollegen oder die Hotline verloren. Er kann nicht weiterarbeiten.

Beim Einsatz hochleistungsfähiger Software und kompletter elektronischer Verwaltung stecken Mitarbeiter ohne fundierte Schulung in einer prekären Situation. Solange es um die Erstellung einfacher Geschäftsbriefe geht, die man beim Ausdruck noch einmal kontrollieren kann, ist das noch hinnehmbar. Wenn durch eine Vertretung für einen kranken Mitarbeiter jedoch ein Fehler in eine komplizierte Berechnungstabelle rutscht, kann es viel Zeit und Nerven kosten, ihn zu finden – oder viel Geld, wenn der Fehler unbemerkt bleibt und die Abteilung bis zu seiner Entdeckung mit falschen Ergebnissen weiterarbeitet.

Experten-Tipp

Hintergründe kennen

Manchmal reicht es nicht aus, mit einer Software die gewünschten Ergebnisse produzieren zu können. Sie sollten außerdem wissen, wie Sie diese Ergebnisse erzielt haben und was Sie beim Einsatz der Software bedenken müssen. ◂

Wichtig: Datensicherheit

„Is ja einfach!“, will uns die Werbung weismachen. Selbst viel beschäftigte Tennisprofis, die keine Zeit haben, sich intensiv mit ihrem Computer zu befassen, müssen angeblich nur eine CD einlegen, schon „sind sie drin“ im Internet. Das sind sie dann auch – und mit ihnen der gesamte PC! Je nach Konfiguration des Systems können damit eventuell auch fremde Rechner von außerhalb Daten auf der lokalen Festplatte lesen, schreiben, löschen und verändern. Nicht ohne Grund haben gerade IT-Firmen, in denen viele PC-Profis arbeiten, eigene Sicherheitsabteilungen.

Wir wollen Ihnen keine unnötige Angst machen. Damit es zu einem Schaden kommen kann, muss immer noch jemand Sicherheitslücken in Ihrem System entdecken und ausnutzen. Trotzdem werden Sie sich im Ernstfall wünschen, Sie hätten lieber einmal zu viel über die Sicherheit Ihrer Daten nachgedacht als einmal zu wenig oder zu spät …

Dieses Thema weiter zu erläutern, würde an dieser Stelle zu weit führen. Schließlich ist ja Zeitmanagement unser Thema. Nur sollten Sie wissen: Neben Viren, 0190-Dialern und dem Eindringen professioneller Cracker in fremde Rechner kann schon der Umgang mit sensiblen Daten in Software, die man nicht genau kennt, zu erheblichen Problemen führen. Solange Sie nur Urlaubsfotos und Privatbriefe auf Ihrem System speichern, mag das egal sein. Bei Finanzdaten, vertraulichen Informationen und sensiblen Kunden- oder Patientendaten hingegen kann es schnell zu Problemen kommen. Bemühen Sie sich also um eine intensive Schulung!

PDAs sind viel einfacher zu bedienen als PCs, die Software ist weit weniger komplex. Rechnen Sie dennoch mit einer längeren Eingewöhnungszeit als für ein Papiersystem.

Langsam anfangen

Die erweiterten elektronischen Bearbeitungsmöglichkeiten bringen auch bei PDAs ein größeres Potenzial für Bedienfehler mit sich: Je schneller und einfacher Sie einen neuen Eintrag erzeugen, Texte verschieben und Einträge löschen können, desto häufiger wird Einsteigern dies versehentlich passieren. Gehen Sie daher zu Beginn vorsichtig mit dem PDA um und versuchen Sie nicht, die Eingabe gleich so schnell zu tätigen, wie Ihnen das auf dem Papier möglich war. Und beachten Sie vor allem auch den Bereich der Datensicherheit.

Praxis-Beispiel

Die redselige Visitenkarte

Rainer T. ist begeistert. Er besitzt seit ein paar Monaten einen PDA, doch noch immer entdeckt er neue Funktionen. Gerade hat er erfahren, dass er anderen Handheld-Besitzern seine Adresse und Telefonnummer nicht jedes Mal zum Abtippen diktieren muss, sondern einfach als elektronische Visitenkarte über die Infrarot-Schnittstelle austauschen kann.

Nur gut, dass Rainer T. das zuerst mit einem Freund ausprobiert. Der macht ihn darauf aufmerksam, dass er zusammen mit der Visitenkarte eine Notiz empfangen habe, die etliche vertrauliche Daten enthielt.

Eine der ersten Funktionen, die Rainer T. nach dem Auspacken seines Handhelds begeistert genutzt hatte, waren die an jede Adresse „anheftbaren Notizzettel“. An seine eigene Adresse hatte er alle für ihn wichtigen Daten angehängt: seine Konto- und Kreditkartennummern mit Ablaufdatum sowie Prüfziffer, einige Passwörter für die Firma, die PIN-Nummern für Handy und ec-Karte und sogar einige TAN-Codes fürs Home-Banking. Dabei hatte er nicht daran gedacht, diese Daten zu verschlüsseln, damit sie kein neugieriger Dritter lesen kann. Auch hat er nicht gewusst, dass diese an seine Adresse gehängte Notiz beim Senden seiner Visitenkarte mit übertragen wird – schließlich wollte er doch nur seine Anschrift und Telefonnummer weitergeben ... ◂

Dieses Beispiel mag auf Sie vielleicht überzogen wirken, aber leider kommen solche Fälle tatsächlich vor. Ein ähnliches Erlebnis hat uns eine Führungskraft aus eigener Erfahrung berichtet, als sie bei uns ihren ersten Palm-Coaching-Tag gebucht hatte.

Desktop-PC und Notebook kein Ersatz für PDA

Bei der folgenden Betrachtung konzentrieren wir uns vor allem auf PDAs und erwähnen „große" Desktop-PCs sowie Notebooks, wenn überhaupt, nur am Rande. Dies hat einen einfachen Grund: Im Normalfall besteht ein elektronisches Zeitplansystem entweder nur aus einem Handheld allein oder aus einem „großen PC", der einen Handheld ergänzt bzw. von ihm ergänzt wird.

Desktop-PC

Ohne PDA ist die rein elektronische Zeitplanung aus unserer Sicht für fast alle Nutzer wenig sinnvoll bzw. eine vernünftige Umsetzung unmöglich. Ohne „großen" PC hingegen, also nur mit dem PDA, wäre sie durchaus denkbar. Das kommt daher, dass Sie Ihr Zeitplansystem, außer etwa beim Schlafen oder unter der Dusche, stets griffbereit haben sollten. Wenn Sie unterwegs nicht auf Termine, Aufgaben, Adressen und Ihre Notizen zugreifen können, hat das Ganze wenig Sinn.

Dass Sie Ihren Desktop-PC nicht in die Tasche stecken und auf der Zugfahrt benutzen können, leuchtet sofort ein. Selbst wenn Sie fast den ganzen Tag im Home-Office verbringen, kommt es doch immer wieder vor, dass Sie ohne PC unterwegs sind. Bereits das disqualifiziert ihn als alleiniges Zeitplansystem. Und das ist nicht alles:

- Wie lange braucht Ihr PC, bis er betriebsbereit ist, wenn Sie ihn aus dem Ruhestand „aufwecken"?
- Und wie lange braucht er zum Booten, wenn Sie ihn komplett heruntergefahren haben?

- Schließlich: Wann haben Sie das letzte Mal ein paar Minuten warten müssen, weil ein Programm die gesamten Ressourcen belegt hatte oder es zu Software-Problemen bzw. Abstürzen kam?

Auch wenn Sie selten warten müssen – solche Wartezeiten dürfen bei Ihrem Planungstool nicht vorkommen. Ein guter Freund hat vielleicht die Zeit und kein Problem damit, wenn Sie im ungünstigsten Fall bis zu fünf Minuten brauchen, um ihm zu sagen, an welchem Termin Sie Zeit haben. Aber mancher Kunde nicht, und im hektischen Alltag werden auch Ihre Kollegen und Sie selbst nicht die Zeit haben oder zumindest sehr genervt reagieren.

Notebook

Notebooks hingegen sind relativ portabel. Doch auch sie eignen sich nur in wenigen Ausnahmefällen als guter Zeitplanbuchersatz. Die oben aufgeführten Probleme mit Wartezeiten beim Einschalten werden beim mobilen Einsatz noch vergrößert, da Sie Ihr Notebook ohne Steckdose nicht ununterbrochen eingeschaltet lassen können, sondern es zumindest in einen Stromsparmodus versetzen müssen, der beim Wiederaufwachen oft deutlich länger als zwei Sekunden benötigt, bevor Sie Daten an der richtigen Stelle in Ihr Zeitplanprogramm eingeben können.

Wenn Sie noch kein Notebook besitzen, ist es als Zeitplanbuchersatz viel zu teuer, wenn es nicht zusätzlich zu anderen Zwecken oder als Ersatz für Ihren Desktop-PC dient. Außerdem sind auch kleine Notebooks noch viel zu groß und schwer, um sie wirklich in den meisten Alltagssituationen dabeizuhaben. In einigen Situationen sind sie noch immer unangebracht. Wie käme es etwa an, wenn Sie im Supermarkt ein laufendes Notebook bei sich trügen, um Ihre Einkaufsliste einzusehen?

Zu guter Letzt hält fast kein Notebook mit einer Akkuladung wirklich mobilen Ansprüchen wie z. B. einem langen Messetag stand. Auch können Sie ein Notebook-Display bereits an trüben Tagen außerhalb von Gebäuden und manchmal schon bei einer ungünstigen Sitzposition in Fensternähe nicht mehr so ablesen, dass Sie länger als fünf Minuten damit arbeiten möchten. Die wenigen teuren und schwer zu findenden Spezialgeräte, die gerade unter solchen Bedingungen ein gutes Bild zeigen, sind dafür in Gebäuden meist nicht zu gebrauchen.

Damit kommt für fast alle Anwender nur ein PDA oder ein für unterwegs durch einen PDA ergänzter „großer PC“ (egal ob Desktop- oder Notebook-Rechner) in Frage.

Tablet PC

Höchstens Tablet PCs können für einen kleinen Teil der Elektroniknutzer eine sinnvolle Alternative darstellen. Stark vereinfacht gesagt ist ein Tablet PC ein besonders kleines Notebook, dessen Bildschirm auch im zugeklappten Zustand sichtbar ist (je nach Bauweise ist z. B. keine Tastatur integriert oder aber Sie können das Display aufklappen, umdrehen und wie mit einem normalem Notebook arbeiten). Sie können

- mit einem Eingabestift direkt auf den Bildschirm tippen, das Gerät damit ähnlich wie mit der Maus bedienen,
- in geeigneten Programmen überall Skizzen direkt auf dem Bildschirm einfügen und
- an vielen Stellen handschriftliche Eingaben vornehmen, die das Gerät mit sehr gutem (aber trotzdem nicht hundertprozentigem) Erfolg in echten Text umwandeln kann.

Tablet PCs wachen besonders schnell aus den verschiedenen Stand-by-Modi „auf“. Trotzdem bieten sie die Leistungsfähigkeit „großer PCs“. Sie laufen unter denselben Betriebssystemen wie normale Notebooks, Software und Hardware-Erweiterungen für Notebooks funktionieren auch mit Tablet PCs.

Auf der anderen Seite sind sie teurer als vergleichbare Notebooks und als Dektop-PC-Ersatz meist nicht mehr geeignet. Mit einer Masse von rund 1,5 bis 2 kg und Abmessungen von etwa $25 \times 20 \times 2{,}5\ cm^3$ sind Sie zwar einerseits sehr handlich, andererseits jedoch noch immer viel zu groß und zu schwer, um sie wirklich immer dabeizuhaben. Allerdings können sie im Punkt Maße und Gewicht bereits mit einem A5-Zeitplansystem mithalten, auch, wenn sie in manchen Situationen als „elektronisches Ungetüm“ unangenehm auffallen. Im Sonnenlicht sind sie oft ebenso schlecht ablesbar wie normale Notebooks. Insgesamt stellen sie nur für wenige Anwender eine echte Alternative zum PDA da.

Welche Schwächen hat die Elektronik?

Längere Einarbeitungszeit

Den Punkt „Einarbeitungszeit" haben wir gerade schon angesprochen. In dem Moment, in dem wir auf die Idee kommen, ein Zeitplanbuch zu benutzen, können wir es bereits bedienen. Zwar wissen Sie ohne Kurs noch nicht, wie Sie es effektiv benutzen, wo Sie die Daten am besten ablegen usw., aber sobald Sie ein entsprechendes Seminar besuchen, ein Buch zum Thema intensiv durcharbeiten oder sich von einem Coach beraten lassen, können Sie sich sofort auf die Umsetzung konzentrieren, denn die Grundlagen kennen Sie bereits – niemand muss Ihnen erklären, wie man das Buch aufklappt oder ein Wort an einer bestimmten Stelle auf die Seite schreibt.

Bei der elektronischen Zeitplanung müssen Sie jedoch erst einmal die Grundlagen erlernen.

Grundlagen erlernen

- Wie schreiben Sie?
- Wie „klappen" Sie eine Seite „auf" (Grundbedienung der Programme: Starten, Menüs benutzen usw.)?
- Was müssen Sie im Alltagsbetrieb beachten?

Erst danach können Sie sich auf das systematische Ablegen von Daten und die Umsetzung von Zeitmanagement-Strategien konzentrieren.

Sobald Sie die Grundlagen erst einmal erlernt haben, spielt dieser Punkt keine Rolle mehr. Einigen Benutzern fällt es jedoch auch nach längerer Erfahrung schwer, sich an neue Funktionen neuer Programme zu gewöhnen. Wenn Sie dazu gehören, denken Sie daran, für Neuerungen eine ausreichende Einarbeitungszeit einzukalkulieren.

Kaum Raum für Markierungen, Symbole und Skizzen

Am häufigsten vermissen Benutzer von PDA-Programmen die Möglichkeit, Farben, Symbole und Skizzen einsetzen zu können. Selbst wenn Ihr erweitertes Kalenderprogramm Ihnen erlaubt, Termineinträge durch eine individuell zugewiesene Farbe hervorzuheben, kann Ihr Notizprogramm dies noch lange nicht.

So können Sie nur in den wenigsten Programmen Freihandskizzen einfügen oder einen bestimmten Punkt zur Hervorhebung umkreisen. Selbst wenn Sie ein entsprechendes Malprogramm installiert haben, können Sie noch lange keine Skizze in die Monatsansicht des Kalenders oder Ihr Adressbuch einfügen. Und selbst wenn Sie ein erweitertes Adressverwaltungsprogamm erwerben, das Ihnen erlaubt, eine per Hand gemalte Anfahrtsskizze an eine Adresse anzuhängen, können Sie noch immer nicht eine der zum Eintrag gehörenden Telefonnummern umkreisen.

Nachteil gegenüber Papier

Wenn Sie einen längeren Bericht auf Papier auswerten oder für einen Kollegen Korrektur lesen möchten, können Sie ganz selbstverständlich Anmerkungen und Markierungen setzen. Sie können in Ihrer Handschrift etwas an den Rand schreiben. Jeder fremde Leser kann sofort Ihre Anmerkung vom gedruckten Originaltext unterscheiden. Sie können mit verschiedenfarbigen Textmarkern die wichtigsten Passagen und Stichwörter unterlegen. Und Sie können Textteile, die Ihrer Meinung nach unwichtig sind oder aus dem Dokument gestrichen gehören, so durchstreichen, dass ein weiterer Leser sie immer noch entziffern und sich seine eigene Meinung dazu bilden kann. Beim Arbeiten mit Handhelds müssen Sie auf all dies verzichten (in den meisten Programmen für Ihren Büro-PC übrigens auch).

Die meisten PDA-Programme bieten nur eine einzige Ansicht: Text. Text in einer Größe. Text in einer Farbe. Text im exakt gleichen Schriftbild. Sie können diesen Text verändern, doch Ihre Anmerkung wird damit ein Teil des Textes und ist nicht mehr auf einen Blick als Anmerkung erkennbar.

Auf einem PDA bestimme Teile angezeigter Texte und anderer Daten übersichtlich auszuwerten oder mit Anmerkungen zu versehen ist in fast keiner Software möglich.

Strukturen von der Software vorgegeben

Eigene Nachrüstung nicht vorgesehen

Sie können nur die Funktionen, die die Programme vorgeben, in exakt der vorgesehen Weise durchführen. Was vom Hersteller nicht vorgesehen wurde, können Sie nicht wie im Papierzeitplanbuch mit druckerkompatiblem, speziell gelochtem Blankopapier, Farbstiften oder kreativem Umfunktionieren selbst nachrüsten.

Auf Papier konnten Sie noch einkringeln, unterstreichen und größer schreiben, was und wo Sie wollten. Auch konnten Sie Einträge mit Bleistift nicht nur ausradieren, sondern auch durchstreichen – also sichtbar entwerten sowie trotzdem noch deutlich lesbar stehen lassen. Auf all das müssen Sie bei elektronischen Lösungen verzichten, wenn nicht ein findiger Programmierer eine entsprechende Funktion integriert hat.

Individuelle Ergänzungen nicht möglich

Wenn für Sie auf Papier in einem bestimmten Formular die Spalte für das Erledigungsdatum einer Aufgabe unwichtig war, Sie aber gleichzeitig eine Spalte für den verantwortlichen Mitarbeiter vermisst haben, konnten Sie die Spalte einfach umfunktionieren. Die elektronische ToDo-Liste wird Sie beim entsprechenden Versuch darauf hinweisen, dass „Meyer“ kein gültiges Datum sei, oder Ihnen von vornherein die Eingabe von Buchstaben in das entsprechende Feld verwehren, in dem Sie einen Kalender eingeblendet sehen und dort auf einen Tag tippen müssen.

Die mit Palm OS und Pocket PC gelieferten PIM-Anwendungen (Personal Information Manager: Termine, Aufgaben, Adressen, Notizen) bleiben nicht nur bei der individuellen Farbvergabe weit hinter den Möglichkeiten der Geräte zurück. Auch in den Bereichen Sortieroptionen, Filter, Verknüpfungen und flexible übersichtliche Darstellung enttäuschen sie, obwohl die elektronischen Geräte hier eine Stärke ausspielen könnten.

Farbe und Übersicht im Kalender

CD-ROM

Auf der CD finden Sie eine zeitlich beschränkte Demoversion von agendus (Palm OS) sowie Agenda Fusion (Pocket PC). Diese Programme sind ihr Geld mehr als wert, weil sie neben vielen praktischen Sonderfunktionen, ausgefeilten Filtern sowie Kleinigkeiten für den Alltag endlich Farben und Symbole in Kalendereinträgen und somit übersichtliche Monatsansichten bieten.

Doch auch hier gilt: Auf spezielle eigene Sonderwünsche muss man verzichten, soweit man nicht das Glück hat, dass die Software-Anbieter die Bitte nach einer entsprechenden Funktion einige Wochen oder Monate später in einem Update erfüllen.

Sichtfeld auf Bildschirm und ein Dokument beschränkt

Kleine Displays

PDA-Displays sind klein. Daher ist das Arbeiten mit Handhelds sehr unübersichtlich. Es gibt zwar Spezial-Software, die durch geschicktes Ausblenden der für Sie gerade nicht relevanten Daten eine auf den Mini-Bildschirm optimierte Darstellungsweise ermöglicht und durch Farben die Übersichtlichkeit deutlich erhöht. Doch selbst dann bleibt der Überblick stark eingeschränkt und einer guten Darstellung auf Papier hoffnungslos unterlegen.

Vergleich von Dokumenten schwierig

Auch können Sie nicht einfach mehrere Dokumente zum Vergleich oder, um alles im Überblick zu haben, nebeneinander legen. Es gibt zwar mit geeigneter Software die Möglichkeit, mehrere Dokumente auf einmal auf dem Schirm anzuzeigen. Doch wann haben Sie das letzte Mal auf Ihrem großen Büro-PC mit mehreren Dokumenten nebeneinander auf dem Schirm gearbeitet? Die meisten Anwender nutzen die beschränkte Bildschirmfläche, um das jeweils aktuelle Dokument im Vollbildmodus anzuzeigen und auf Knopfdruck zu einem anderen zu wechseln, das sie wiederum im Vollbildmodus anzeigen.

Wenn es darum geht, alle Detailpläne und Schaubilder für ein Projekt oder verschiedene Berichte und Diagramme nebeneinander übersichtlich auf der gesamten Tischfläche zu verteilen, ist dies mit Papier kein Problem. Bei elektronischen Lösungen sind Sie stets auf den Bildschirm beschränkt. Einige Geräte unterstützen zwar mehrere Monitore und können auf ihnen verschiedene Programme und Daten gleichzeitig anzeigen. Doch wenn Sie eine entsprechende Lösung nicht andauernd benötigen, ist sie nicht nur zu teuer, sondern beansprucht vor allem auch viel zu viel Platz.

Anfälligkeit für Störungen und Ausfälle

Leerer Akku

Ohne genügend volle Batterien oder eine Steckdose verweigern die kleinen Alleskönner unterwegs schon mal den Dienst oder fesseln Sie an die Ladestation. Für die meisten Geräte gibt es keine Ersatz-Akkus, die Sie unterwegs schnell tauschen könnten. Somit sehen Sie am Ende eines langen Messetages bei Modellen mit einer Laufzeit von wenigen Stunden nach dem Einschalten im wahrsten Sinne des Wortes schwarz.

Auch die beste Sicherung hilft im Fall eines schweren Softwarefehlers oder Datenverlusts durch leere Akkus nicht über die Zeitspanne hinweg, die Sie für eine Wiederherstellung Ihrer Daten brauchen. In dieser Zeit können Sie Ihren elektronischen Helfer nicht benutzen.

Ärgerlich, wenn Sie gerade in solchen Augenblicken dringend etwas nachschlagen oder eintragen müssen. Bei einem schweren Hardware-Defekt sind Sie gar für Stunden bis Tage ausgeschaltet bzw. zum Umstieg auf ausgedruckte Daten gezwungen, wenn Sie nicht gerade ein Ersatzgerät mit sich führen oder den ganzen Tag in der Nähe des Desktop-PCs bleiben möchten. Damit Sie das Risiko abschätzen können, hier einige Grobangaben zur Fehlerhäufigkeit:

Fehlerhäufigkeit

- Schwere Hardware-Schäden bzw. Unfälle, kompletter Datenverlust durch leere Akkus sowie Verlust oder Diebstahl des Geräts treffen PDA-Benutzer im Schnitt ca. alle zwei Jahre einmal.
- Software-Fehler mit Verlust aller Daten treten je nach Experimentierfreudigkeit der Benutzer und Zuverlässigkeit der installierten Drittanwendungen alle paar Monate oder auch jahrelang nie auf.
- Die Verlust-/Diebstahlgefahr für Papierzeitplanbücher ist zwar ebenfalls gegeben, aber deutlich geringer.

Hohe Aufmerksamkeit bei der Dateneingabe nötig

Haben Sie sich in der Fußgängerzone schon einmal über einen gedankenverloren etwas in sein Handy tippenden Zeitgenossen geärgert, der keine Rücksicht auf andere Passanten nimmt und schnurstracks, ohne zu schauen, geradeaus läuft? Oder über ihn geschmunzelt, weil Sie einen der seltenen Fälle miterlebt haben, in denen so jemand tatsächlich so konzentriert auf das Gerät war, dass er gegen ein Schild oder einen Blumenkübel gelaufen ist?

Am Anfang erfordern die Dateneingabe oder das Suchen von Daten im PDA die volle Aufmerksamkeit des Benutzers. Mit der Zeit, wenn Sie sich an das Gerät gewöhnt haben, wird es besser. Sie können Daten schneller eingeben, wissen genau, wo Sie etwas ablegen oder nachschlagen müssen, und lernen einige Tricks zur Bedienung Ihrer Software, mit denen Sie noch flinker sind.

Doch auch langjährige PDA-Profis sind beim Mitschreiben auf dem PDA unkonzentrierter und langsamer als auf Papier. Diesen Nachteil können Sie zwar durch eine externe Tastatur wieder gutmachen, wenn Sie das Zehnfinger-Schreibsystem beherrschen. Doch dann müssen Sie die Tastatur immer mit sich herumschleppen, verursachen ein deutliches Klappern der Tasten und benötigen immer eine ausreichend große Unterlagefläche. Außerdem ist es nicht in jeder Situation passend.

Welche Stärken bieten Handhelds?

Praxis-Beispiel

Elektronische Organizer bieten völlig neue Möglichkeiten

Momentan quillt das Zeitplanbuch von Peter S. über. Der PDA wäre nicht nur wesentlich kleiner, sondern könnte auch quasi unbegrenzt Termine aufnehmen. Dabei bietet er für jeden Termineintrag etliche freie Notizzeilen und kann Peter S. per Alarm erinnern, falls er einmal nicht merkt, wie die Zeit vergeht.

Etwas ganz Tolles hat er neulich gesehen: einen PDA mit integrierter Foto- und Videokamera. Da er des Öfteren Vorträge hält, könnte er sich regelmäßig aufnehmen, um sein Auftreten und Sprechen vor Publikum zu optimieren. Die Möglichkeit, unterwegs jederzeit Eindrücke per Foto festhalten zu können, ohne eine separate Kamera mitzunehmen, fasziniert ihn ebenfalls – auch wenn die Qualität noch weit von professionellen Digitalkameras entfernt ist.

Also beschließt Peter S., der Sache jetzt einmal auf den Grund zu gehen, sich bei einem Experten genau zu informieren und alle Vor- und Nachteile für sich abzuwägen, um eine Entscheidung zu treffen. ◂

Nahezu unbegrenzte Kapazität auf kleinstem Raum

Großer Speicher

Damit Sie eine Vorstellung vom Fassungsvermögen der kleinen Helfer erhalten: Die kleinsten aktuell im Handel erhältlichen PDAs können beispielsweise den gesamten Bibeltext gleich fünfmal im integrierten Speicher unterbringen. Auf externen Speicherkarten, mit denen Sie Ihren Handheld erweitern können, findet er je nach Größe der Speicherkarte weit über hundertmal Platz.

Für den ausschließlichen Einsatz als PIM (Personal Information Manager: Termine, Aufgaben, Adressen, Notizen) stoßen Sie nie an die Kapazitätsgrenzen aktueller Handheld-Computer. Der Speicher fasst zusätzlich problemlos mp3-Musik, Routenplaner, Urlaubsbildersammlung und Office-Anwendungen gleichzeitig. Dabei passen die kleinsten elektronischen Helfer auch noch in die Tasche. Sie können sie trotz Informationsfülle – anders als den klobigen Desktop-PC – immer dabeihaben, was den Siegszug rein elektronischen Zeitmanagements erst ermöglichte.

Egal, wie viel tausend Termine, Adressen, Aufgaben und Notizen Sie in Ihren PDA eintragen wollen – verglichen mit seinem maximalen Fassungsvermögen wirkt der für diese Daten benötigte Platz geradezu lächerlich. Mit Fotos, Musik und Videos bringen Sie aktuelle Geräte schon eher ins Schwitzen, doch hier helfen externe Erweiterungskarten.

Integration und Synergie der Daten

Sie können alle Daten untereinander verknüpfen. Zum Beispiel: mehrere Umsetzungsschritte mit den übergeordneten Zielen und verschiedene Teilnehmer sowie im Vorfeld nötige Aufgaben mit einem Besprechungstermin (sofern Sie die passende Software dafür benutzen).

Praxis-Beispiel

Daten untereinander verknüpfen – mehr als simples Abschreiben

Erwin P. möchte in etwa einem Jahr eine vollfarbige Betriebszeitschrift für alle Mitarbeiter und Kunden zweimonatlich drucken und setzen lassen, doch Genaueres kann er dazu noch nicht entscheiden. Erst einmal muss er abwarten, wie sich die gerade etwas heikle Finanzlage des Unternehmens im nächsten Jahr weiter entwickeln wird. Zufällig lernt er jedoch gerade jetzt Roderich H. kennen, den Inhaber einer kleinen Druckerei, die diese Aufgabe komplett übernehmen könnte. Roderich H. ist perfekt organisiert und macht schon jetzt einen Termin für ein Verhandlungsgespräch aus, da er die Chance für diesen größeren Auftrag nicht verpassen möchte. Obwohl der Termin noch 14 Monate entfernt ist, kann ihn Roderich H. sofort in seinem PDA vermerken und die von Erwin P. geäußerten Vorstellungen mit ein paar Sätzen als Notiz direkt an den Termin anhängen.

Mit seinem erweiterten Kalender „agendus" kann er Erwin P.s Adressdaten ebenfalls mit dem Termin verknüpfen – das dauert nicht länger, als wenn er nur seinen Namen eingetragen hätte.

Acht Monate später zieht Erwin P.s Firma in größere Gebäude um. Die Finanzlage hat sich deutlich verbessert. Roderich H. ändert nur den Adressbucheintrag. Damit hat er bereits automatisch alle aktuellen Adressdaten griffbereit, wenn er den entsprechenden Termin aufschlägt.

Änderungen und Wiederholung problemlos möglich

Sie können einen Termin beliebig oft verschieben oder Details seiner Beschreibung ändern. Das Gleiche gilt für Adressen, Notizen sowie alle anderen Daten. Auch eine Wiederholung können Sie mit wenig Aufwand eintragen.

Praxis-Beispiel

Serientermine machen das Leben leichter

Das erste Treffen verläuft sehr erfolgreich. Roderich H. wird ab sofort zweimonatlich die Betriebszeitschrift designen, setzen, drucken und ausliefern. Dafür trifft er sich jeweils noch einmal mit den für den Inhalt verantwortlichen Personen, um mit ihnen das Cover-Design sowie die letzten Korrekturabzüge durchzusprechen. Nachdem er den ersten Termin in seinem Handheld eingetragen hat, wählt er den Unterpunkt „Wiederholen", „Monat", „alle 2 Monate am 2. Mittwoch des Monats". Jeder der Termine ist mit der Adresse seines Ansprechpartners verknüpft.

Nach den ersten zwei Ausgaben stellt sich heraus, dass ein anderer Erscheinungstag günstiger wär. Mit ein paar Klicks ändert Roderich H. das somit auch eine Woche früher erforderliche Treffen auf den ersten Mittwoch jedes zweiten Monats. Alle Folgetermine gleicht der Handheld dabei automatisch an.

Verschiedene Ansichten und Filter auf dieselben Daten

Während Sie in Ihrem Zeitplanbuch die Termine einzeln von Hand vom Mehrjahreskalender in Ihre Tagespläne übertragen müssen, speichert Ihr PDA jeden Termin nur einmal ab. Er kann Ihnen die gespeicherten Termine als Jahresansicht, Monatsansicht, Wochenansicht und Tagesansicht präsentieren. Wenn Sie einen bestimmten Termin aus einer der Ansichten heraus öffnen und ändern, dann ist er automatisch auch in allen anderen Ansichten aktualisiert, denn er ist nur ein einziges Mal gespeichert.

Einträge sortieren

Sie können Einträge verschieden sortieren, Adressen z. B. nach Nachname oder Firma. Ihre Aufgabenliste ist immer automatisch sortiert – wenn Sie eine Aufgabe mit höchster Priorität ganz unten an eine nach Priorität sortierte Liste anhängen, erscheint sie sofort nach Beenden der Eingabe ganz oben in der Liste.

Damit Sie sich im Datendschungel zurechtfinden, helfen Ihnen Filterfunktionen. Abgeschlossene Aufgaben können Sie damit ebenso ausblenden wie Aufgaben, die Sie erst in der nächsten Woche erledigen müssen. Auch eine Übersicht über alle Termine für ein bestimmtes Projekt (bzw. das Ausblenden aller anderen Termine aus den Kalenderansichten mit der richtigen Zusatz-Software) hilft Ihnen, sich schnell zurechtzufinden.

Filterfunktionen

Volltext- und Kombinationssuche

Über die Suchfunktion finden Sie schnell z. B. alle Notizen, übers Jahr gesammelte Ideen sowie Termine zur Vorbereitung und Durchführung der Weihnachtsfeier. So können Sie auch Termine über ein Stichwort aus der vorab sortierten Tagesordnung heraussuchen. Sie können sich auch alle Termine und Aufgaben anzeigen lassen, die Herrn Meyer betreffen. Mit der richtigen Software können Sie zusätzlich Suchbedingungen kombinieren oder z. B. nur die Termine anzeigen, die für ein bestimmtes Projekt innerhalb eines bestimmten Zeitraums liegen.

Schnelle Verfügbarkeit von Daten

Gruppenzusammenarbeit, Datenaustausch und -weitergabe

Mit der richtigen netzwerkfähigen Software für Gruppenterminplanung können Sie Ihren PDA mit einem im Büro ständig eingeschalteten Server abgleichen, der Ihren Kollegen auch dann Ihre in der übernächsten Woche noch nicht verplanten Zeiträume anzeigt, wenn Sie gerade zusammen mit ihrem Handheld auf Dienstreise in Japan sind.

Netzwerkfähige Software

Ihre elektronischen Daten (z. B. das soeben angefertigte Besprechungsprotokoll) können Sie in Sekunden per E-Mail verschicken, auf verschiedenen Datenträgern weitergeben oder mit der richtigen Ausrüstung auch drahtlos beliebig oft auf die Geräte Ihrer Kollegen übertragen. Ihre Kollegen können den Text sofort weiterverarbeiten, z. B. Detailangaben zu bestimmten Produkten in den Text einsetzen und ihn dann zum Korrekturlesen und zur Veröffentlichung weitergeben. Entfernungen spielen dabei keine Rolle mehr.

Wenn Sie als freier Journalist Ihre Kolumne in Norwegen abends im Wald vor Ihrem Zelt mit Palm und ausfaltbarer Tastatur schreiben und dann per E-Mail in die Redaktion nach Hamburg schicken, ist sie bereits nach wenigen Augenblicken dort. Im Rahmen von Online-Konferenzen können Sie von Ihrem Home-Office aus mit Kollegen in den USA und Taiwan zusammen Dokumente ansehen und Änderungen besprechen – auch wenn man hier noch immer etwas Geduld braucht, da in den Gesprächen sowie beim gemeinsamen Arbeiten an Dokumenten die langen Signallaufzeiten auffallen (es kann also passieren, dass die anderen einen von Ihnen gesagten Satz erst drei Sekunden später hören. Mit ein wenig diszipliniert angepasstem Gesprächsverhalten schafft man es aber recht schnell, sich nicht gegenseitig ins Wort zu fallen).

Jeden Eintrag aus Ihrem Adressbuch können Sie an andere PDA- und meist auch Handybesitzer weitersenden. Lediglich Besitzer älterer Pocket PCs vor der Version Pocket PC 2002 benötigen dazu Zusatzsoftware, beispielsweise das Programm Peacemaker (www.conduits.com/products/peacemaker/). Mit Palm OS öffnen Sie zum Senden einfach die Adresse, klicken auf die Menü-Schaltfläche und wählen aus dem Menü „Eintrag" den Punkt „Adresse übertragen". Der Empfänger muss nur seine Infrarot-Schnittstelle auf diejenige Ihres Geräts ausrichten sowie den Infrarot-Empfang aktivieren, falls er deaktiviert ist (wie dies und das Senden der Adressen von anderen Geräten aus funktioniert, können Sie im Handbuch zu Ihrem PDA oder Handy nachlesen).

Endlich unbegrenzt Visitenkarten

Wenn Sie Ihre eigene Adresse öffnen, können Sie im eben beschriebenen Menü auch den Punkt „Visitenkarte wählen" anklicken. Dann brauchen Sie in Zukunft nur noch (egal, welche Anwendung gerade aktiv ist) die Adressbuchtaste Ihres Palms (die mit dem Bild eines Telefonhörers) etwas länger als eine Sekunde gedrückt zu halten, und schon sendet Ihr Palm Ihre Adresse.

So können Sie Ihre eigene Adresse beliebig oft weitergeben, ohne dass Ihnen die Visitenkarten ausgehen. Besonders praktisch ist es, dass Sie auch jede andere Adresse beliebig oft übermitteln können. Wenn Sie z. B. auf einer Messe jemanden treffen, der an einem Produkt interessiert ist, das von einem Ihrer Kollegen betreut wird, können Sie ihm auf diesem Weg schnell und einfach die nötigen Daten direkt in seinen Organizer übertragen. Bedenken Sie dabei, keine vertraulichen Informationen wie geheime Mobiltelefonnummern oder sogar Beurteilungsinformationen Ihrer Mitarbeiter in der Adresse oder einer angehängten Notiz zu vermerken, die Sie dann ebenfalls weitersenden.

Datensicherheit: Backup, Verschlüsselung, Sperre

Kopien der Daten

Bei jeder Synchronisation mit dem Büro-PC erhalten Sie eine Kopie Ihrer Daten, falls Sie den PDA z. B. einmal verlieren. Unterwegs können Sie die Daten auf eine Speicherkarte sichern, die Sie am besten getrennt vom Gerät aufbewahren, damit Sie im Falle eines Verlusts oder Diebstahls die aktuellen Daten noch parat haben. Wenn Sie die Daten unbedingt sofort wieder benötigen und das Modell noch im Handel erhältlich ist, können Sie im Ernstfall sogar beim nächsten Elektronik-Discounter um die Ecke das gleiche Gerät noch einmal erwerben und mit der Speicherkarte wieder auf den Stand des abhanden gekommenen Geräts bringen.

Verschlüsselung von Daten

Wenn Sie viele vertrauliche Daten mit sich führen, werden Sie sich über Programme freuen, die bestimmte Dateien verschlüsseln und den ganzen Organizer in regelmäßigen Zeitabständen oder bei jedem Ausschalten bis zur Eingabe des richtigen Passworts komplett sperren. In Ihr Zeitplanbuch kann jeder problemlos hineinsehen, Ihren PDA können Sie mit der richtigen Software dagegen absichern.

Nahezu unbegrenzte Anwendungsvielfalt

Berechnungen

Ein Handheld kann nicht nur Alarmtöne von sich geben, um an einen Termin zu erinnern. Er kann auch Berechnungen mit den Daten durchführen. Wenn Sie Ihr Fahrtenbuch oder Ihre Ein- und Ausgabenliste z. B. in Pocket Excel oder Sheet ToGo (Tabellenkalkulationsprogramme für Pocket PC und Palm OS) führen, addiert es automatisch die einzelnen Werte auf. Auch aus einem simplen Zeiterfassungs- oder Absatzprotokoll kann der PDA automatisch Zwischen- und Durchschnittswerte berechnen.

Wo ein Zeitplanbuch aufhört, fängt die Leistungsfähigkeit von Handhelds erst an. Sie konkurrieren nicht nur mit Zeitplanbüchern, sondern in einigen Bereichen auch mit Notebooks und Desktop-PCs. Selbst wenn Sie begeisterter Zeitplanbuchbenutzer sind und Ihr Zeitplanbuch weiterhin für alle Zwecke nutzen, zu denen Sie es in den letzten zehn Jahren bereits eingesetzt haben, kann sich die Anschaffung eines PDAs für Sie lohnen – auch, wenn Sie ihn weder zur Verwaltung Ihrer Termine, Adressen, Aufgaben, Notizen und Besprechungsmitschriften noch für Ihre Ziel- und Projektpläne einsetzen.

Vom Internet bis zur PowerPoint-Präsentation

Mit modernen Handhelds (gegebenenfalls mit zusätzlichen Erweiterungen aufgerüstet sowie der richtigen Zusatzsoftware bestückt) können Sie E-Mails empfangen, Ihr Home-Banking erledigen (wenn Ihre Bank einen für PDA-Browser geeigneten Zugang anbietet), das Kinoprogamm aus dem Internet abrufen und Schach spielen. Sie können Word- und Excel-Dokumente auf dem Gerät mitnehmen, bearbeiten, die Änderungen auf den PC zurückspielen sowie die Dokumente unterwegs per E-Mail versenden oder mit einem Mobildrucker zu Papier bringen. Sie können Digitalfotos und -videos aufnehmen, den Handheld als Diktiergerät nutzen, Musik in CD-Qualität hören und PDF-Dateien lesen. Sie können im Dunkeln wie früher auf Karteikarten griechische Vokabeln (natürlich in griechischen Buchstaben) lernen. Sie können sogar PowerPoint-Präsentationen direkt auf einem Datenprojektor wiedergeben. Und das ist erst der Anfang einer langen Liste.

Internet

Wo bekomme ich Handhelds und Zubehör?

Eine Auswahl aktuellen Zubehörs und der neuesten PDAs sowie weitere Infos finden Sie z. B. in den folgenden, von uns empfohlenen Internet-Shops:

- www.delineo.de
- www.widget.de

Die neuen Möglichkeiten des digitalen Büros

Mit „vollwertigen"/„großen" Desktop- oder Notebook-PCs eröffnen sich durch die höhere Rechenleistung, größere Bildschirme, Anbindung an viele weitere Peripheriegeräte sowie firmeninterne Netzwerke weitere Anwendungsmöglichkeiten. Drei davon stellen wir Ihnen im Folgenden kurz vor, drei weitere finden Sie im Anhang in der CD-Beschreibung. Die jeweils erwähnten Programme sind weitaus leistungsfähiger als im zugehörigen Beispiel dargestellt und über das Beispiel hinaus für weitere Zwecke einsetzbar.

Projektmanagement mit MS Project

Praxis-Beispiel

Ressourcen, Kosten und Termine im Griff

Benjamin P. ist für die Eröffnung eines weiteren Einkaufszentrums seiner Kette in der Nähe einer Kleinstadt verantwortlich, die 300 km von seinem Büro entfernt liegt. Zuerst gilt es, einen geeigneten Standort zu finden. Danach muss er Baugenehmigungen einholen sowie die Angebote verschiedener Bauunternehmen vergleichen, bevor er den Auftrag vergibt.

Auch um den rechtzeitigen Start groß angelegter Werbekampagnen vor Ort, die Inneneinrichtung, Anpassung des Standard-Warensortiments, Vertragsabschlüsse mit lokalen Zulieferern sowie Auswahl und Einstellen der kompletten Belegschaft kümmert sich Benjamin P.s Team, bevor die Mitarbeiter vor Ort die Führung des neuen Einkaufszentrums übernehmen. Nur gut, dass es Projektmanagement-Software gibt, die Benjamin P. hilft, den Überblick zu behalten und auf Änderungen zu reagieren – dies ist schließlich nicht seine einzige Aufgabe in seinem Unternehmen. ◀

Mithilfe von MS Project kann Benjamin P. alle notwendigen Arbeitsschritte schnell eingeben, gliedern und übersichtlich verwalten. Er kann Informationen zum Fortschritt sowie zu Änderungen einzelner Vorgänge und des Gesamtprojekts mit seinen Mitarbeitern austauschen und mehrere Projekte parallel verwalten. Die Flut an Informationen kann er auf verschiedene Arten filtern und sortieren sowie in tabellarischen und grafischen Ansichten dokumentieren und visualisieren.

Verschiedene Szenarien

Vor allem die automatischen Berechnungen ermöglichen es ihm, verschiedene Szenarien durchzuspielen und sofort die Auswirkungen bestimmter Veränderungen zu ermitteln, was bei manueller Planung und Berechnung auf Papier Stunden dauern und ab einem gewissen Umfang ohne einen eigens mit dieser Auswertung beauftragten Mitarbeiterstab unmöglich wäre. Mit MS Project kann er die Projektaktivitäten nicht nur ordnen und zusammenfassen, sondern auch gegenseitige Abhängigkeiten definieren (Vorgang C kann erst starten, nachdem Vorgang A und B abgeschlossen sind, usw). Auch Planungswidersprüche deckt das Programm sofort auf und ermöglicht so die rechtzeitige Korrektur. Dabei berechnet es für Benjamin P. automatisch Termin- und Kostenpläne. Seitdem er weiß, wie viel in manchen Fällen eine Besprechungsstunde mit einigen seiner hochrangigen Kollegen kostet, bemüht er sich noch mehr, sie schnell und effektiv zu Ende zu bringen.

Überwachungsfunktionen

Mittels der Überwachungsfunktionen von MS Project sieht Benjamin P. nach dem Projektstart jederzeit, wie weit die aktuelle Terminlage vom ursprünglichen Terminplan abweicht und welche Auswirkungen die Verzögerung einzelner Vorgänge auf andere Vorgänge sowie auf das Gesamtprojekt hat. Er sieht, wie viel Arbeit und Material im Vergleich zur ursprünglichen Planung bis jetzt tatsächlich investiert wurden und welche Tendenzen sich zeigen. Auch die Entwicklung der Kosten im Vergleich zum ursprünglich vorgesehenen Etat hat er im Überblick.

All diese Faktoren während der Projektlaufzeit richtig abzuschätzen, sie korrekt zu abstrahieren, zu messen und einzugeben, das Programm mit allen Feinheiten korrekt zu bedienen sowie seine Ausgaben korrekt zu interpretieren und Eingabefehler zu entdecken kann man nicht in einem Wochenendkurs lernen. Fehler können hier schnell sehr teure Auswirkungen haben. Benjamin P. beherrscht elektronisch unterstütztes Projektmanagement inzwischen perfekt. Dazu trägt neben mehreren einwöchigen Kursen in Projektmanagementtheorie und Bedienung von MS Project auch seine jahrelange Praxiserfahrung bei.

Gruppenterminplanung mit MS Outlook

Praxis-Beispiel

Trotz häufiger Abwesenheit der Kollegen Besprechungen planen

Peter M. ist im Vertrieb eines internationalen Großkonzerns tätig und häufig unterwegs. Selbst wenn er sich gerade mal nicht zwei Tage in Frankreich oder eine Woche in den USA befindet, kann es sein, dass er den ganzen Tag im Inland unterwegs ist, anstatt im Büro zu sein. An anderen Tagen ist er durchgängig dort anwesend, in bestimmten Zeiträumen sogar wochenlang am Stück. Seine Kollegen sind ähnlich viel unterwegs. Einen festen Wochentag für alle als verbindlichen Anwesenheitstag festzulegen hat sich schon vor einiger Zeit als nicht praktikabel erwiesen. Und so gab es ständig ein Hin und Her, an welchen Tagen man die nächste Besprechung abhalten könnte. Seitdem seine Abteilung die Gruppenterminplanung mit Outlook nach einem zweitägigen Seminar verbindlich für alle nutzt, klappt die Vereinbarung gemeinsamer Termine jedoch wesentlich besser und es kommt nur noch selten zu Problemen, die durch kurzfristige Änderungen im Terminplan Einzelner entstehen.

Daten zentral abgelegt

Die Daten der einzelnen Mitarbeiter liegen dabei zentral auf einem MS Exchange-Server. Damit können die Kollegen auch dann auf die Daten zugreifen, wenn die betreffende Person gerade mit ihrem Notebook unterwegs und aufgrund einer Auslandsreise mit größerer Zeitverschiebung noch friedlich am Schlafen ist. Um ihre Daten unterwegs immer bei sich und schnell griffbereit zu haben, sind alle Mitarbeiter mit PDAs ausgestattet, die ebenfalls die Daten mit dem Server synchronisieren.
Ein- bis dreimal täglich wählen sich gerade auf Reisen befindliche Mitarbeiter je nach Standort über ein Modem oder ihr Mobiltelefon ins Unternehmensnetz ein und gleichen außer ihren E-Mails auch die Änderungen ihres Terminkalenders mit dem Server ab.

Kennzeichnung verplanter Termine

Wenn Peter M. eine Besprechung mit den Kollegen einberufen möchte, sieht er in seinem Outlook farbige Balken, die verplante Zeiten der gewünschten Teilnehmer signalisieren. Er kann zwischen

- Abwesenheit,
- gebuchten Terminen,
- mit Vorbehalt verplanten Terminen und
- freien Zeiten

unterscheiden. In seiner Teilnehmerliste kann er den Status jeder einzelnen Person zwischen „erforderlich" und „optional" wechseln. Oft reicht ein Klick auf die Funktionsschaltfläche „AutoAuswahl" und Outlook findet einen geeigneten Zeitraum. Denn Peter M. plant immer ausreichend im Voraus. Auch kann er manuell einen beliebigen Zeitraum – egal, bei welchem der Teilnehmer dieser wie verplant ist – auswählen.

Automatische Einladungen

Das Programm versendet nun automatisch E-Mail-Einladungen an alle Teilnehmer. Die Nachrichten enthalten eine Schaltfläche zur

- schnellen Zusage,
- Zusage unter Vorbehalt,
- Ablehnung oder
- zum Vorschlagen eines Alternativtermins.

Nach der Auswahl einer dieser Optionen wird Peter M. automatisch benachrichtigt und bei einer Zusage der Termin im Kalender des jeweiligen Mitarbeiters gebucht.
Nach dem Öffnen der Aktualisierungsnachrichten in seinem E-Mail-Eingang braucht Peter M. nun nur in seinem Kalender den angesetzten vorläufigen Besprechungstermin zu öffnen, und schon kann er auf der Registerkarte „Status" für alle Teilnehmer sehen, wer bereits geantwortet hat und wie die Antwort ausgefallen ist.
Wenn Peter M. mehr als ein paar Tage Urlaub am Stück nimmt, erteilt er einem Kollegen für diese Zeit Stellvertreterrechte. Sein Kollege kann dann für ihn vorläufige Termine mit Kunden vereinbahren und in Peter M.s Kalender eintragen sowie für ihn Besprechungsanfragen beantworten.

Mit Adobe Acrobat layoutgetreu im PDF-Format publizieren und Dokumente mit Anmerkungen versehen

Plattformübergreifend und layoutgetreu publizieren

Simon B. erstellt des Öfteren für sein Unternehmen Broschüren und Informationssammlungen, die für die Veröffentlichung im Internet konzipiert sind. Sein Vorgänger hatte Infos im Word-Format ins Internet gestellt, doch sehen Word-Dateien beim Leser je nach verwendeter Programmversion, Betriebssystemversion, installierten Schriften und Druckertreiber geringfügig anders aus. Oft führte dies bereits zu unschön veränderten Umbrüchen. Aufwändiger gestalte Seiten fielen teilweise völlig auseinander.

Simon B. entscheidet sich, die Informationen künftig im PDF-Format zu publizieren, um eine layoutgetreue Darstellung auf verschiedenen fremden Rechnern zu gewährleisten. Auch benötigt der interessierte Website-Besucher zum Lesen von PDF-Dateien weder Word noch eine Textverarbeitung, die Word-Dateien importieren kann. Der Adobe Acrobat Reader zum Lesen von PDF-Dateien ist für alle gängigen Betriebssysteme kostenlos erhältlich. PDF ist inzwischen quasi der Standard für elektronische Broschüren geworden. ◂

Viele Vorteile

Simon B. benutzt Adobe Acrobat Professionell für das Erstellen und Bearbeiten von PDF-Dateien. Damit kann er sicher sein, dass die Datei auch auf fremden Rechnern wie bei ihm auf dem Schirm aussieht.

Auch wenn er an einzelne Personen Dateien zum bloßen Ansehen statt zur Bearbeitung weiterleitet, konvertiert er sie vorher ins PDF-Format. Dabei werden sie zudem komprimiert, sodass relativ kleine Dateien entstehen.

Darüber hinaus kann er sicher sein, dass der Empfänger das Dokument öffnen kann. Früher hatte er Probleme, wenn er einen Konstruktionsplan aus seinem CAD-Programm an jemanden weitergeschickt hatte, der die Software nicht besaß. Adobe Acrobat Professionell erzeugt für seine Konstruktionspläne in den PDF-Dateien nun sogar Ebenen, die der Betrachter einzeln ein- und ausblenden kann, um bestimmte Teile genauer zu betrachten.

Korrekturen und Kommentare verschiedener Kollegen

Simon B. verwendet Adobe Acrobat Professionell nicht nur für Broschüren, sondern auch in weiteren Bereichen. Wenn er Dokumente mit Kollegen abstimmen muss und es dabei verschiedene Kommentare oder Änderungswünsche gibt, ist es sehr unpraktisch, diese direkt in den Text einzugeben. Früher hat Simon B. die Seiten hierzu ausgedruckt und von jedem Kollegen Anmerkungen per Bleistift und Textmarker manuell eingearbeitet bekommen. Doch mehrere Bearbeiter an einem Ausdruck arbeiten zu lassen wird schnell unübersichtlich. Jedem einen einzelnen Ausdruck zu geben verhindert die Synergieeffekte, da jeder nur seine eigenen Anmerkungen auf dem Ausdruck sieht.

Seitdem Simon B. und seine Kollegen zunehmend auf PDF für Dokumententwürfe setzen, haben sie dieses Problem elegant gelöst: Sie können z. B. wie mit einem Textmarker Passagen farbig unterlegen und Text so durchstreichen, dass er lesbar bleibt. Sie können Notizen wie farbige Post-it-Zettel an beliebigen Stellen „auf das Dokument kleben“. Auch das schnelle „Abstempeln“ eines Dokuments mit Stempeln wie: „Abgelehnt, Simon B. <aktuelles Datum und Uhrzeit automatisch eingefügt>“ ist möglich.

Die Kommentare kann Simon B. beliebig ein- und ausblenden und die Anzeige auch nach Benutzern filtern, z. B. um nur Kommentare seines Chefs anzuzeigen. Der wiederum weist Simon B.s Kommentaren einzeln den Status „akzeptiert“ oder „abgelehnt“ zu. Um den Überblick zu behalten, welche Kommentare der anderen er schon gelesen hat, kann er sie einzeln mit Häkchen versehen.

Auch kann Simon B. mithilfe von Adobe Acrobat Professionell alle Kommentare ohne den Text des Ursprungsdokuments zu einem eigenen Dokument in einer neuen PDF-Datei zusammenstellen. Dabei sieht er zu jedem

Kommentar Informationen wie Datum, Uhrzeit und Verfasser. Dies erleichtert ihm die Auswertung intensiven Feedbacks, wenn sowohl sein Chef als auch die Techniker und die Marketingabteilung teilweise verschiedene Vorstellungen davon haben, wie einzelne Passagen der neuen Broschüre aussehen sollen.

Übersicht, Ordnung und Struktur für Ihre Planung mit dem Palm

Um Ihnen konkrete Schritte und Tipps für Ihre Planung mit dem Handheld an die Hand zu geben, haben wir uns für dieses Buch auf ein PDA-Betriebssystem festgelegt. Dabei haben wir uns für Palm OS entschieden, das mit deutlichem Abstand vor allen anderen Systemen die weiteste Verbreitung hat.

Wenn Sie noch Fragen zur Grundbedienung Ihres PDA (wie Handschrifteingabe, Starten von Programmen, Aufrufen von Menüs oder Eintragen von Terminen) haben, ziehen Sie bitte Ihr mit dem PDA geliefertes Handbuch zu Rate.

Pocket PCs, die Sie zusätzlich mit den Programmen Agenda Fusion (statt agendus für Palm OS) und TreNotes (statt Bonsai) aufrüsten, bieten ähnliche Funktionen. (Die besagten Programme finden Sie als zeitlich begrenzte Demoversionen auf der Buch-CD.) Dabei sind einige Schritte geringfügig anders und nicht jede unter Palm OS mögliche Detailfunktion auf dem Pocket PC verfügbar. Die generellen Vorgehensweisen, die wir Ihnen vorstellen, sind jedoch leicht übertragbar. Für Details zur Bedienung Ihres Pocket PCs sowie der Programme Agenda Fusion und TreNotes bitten wir Sie, die mitgelieferten Handbücher zu Rate zu ziehen.

Nutzen Sie Zusatzsoftware zum effektiven Arbeiten!

Das System, das wir Ihnen vorstellen, setzt auf zwei Zusatzprogrammen auf. Manche Trainer werden Ihnen empfehlen, Ihre Ziele, Lebensrollen und Planungen einfach in einen Merkzettel auf dem Palm zu schreiben und nur mit den mitgelieferten Anwendungen zu arbeiten. Das können Sie tun, doch damit bekommen Sie alle Schwächen der Elektronik zu spüren (kleiner Bildschirm usw.), ohne die Stärken voll auszunutzen (z. B. die Daten untereinander zu verknüpfen). Auch sind die mitgelieferten Anwendungen mehr als unübersichtlich und bleiben weit hinter den Möglichkeiten der Geräte zurück. Deshalb empfehlen wir Ihnen zwei Zusatzprogramme, die Ihnen ein wesentlich übersichtlicheres Arbeiten ermöglichen und sich dadurch schnell bezahlt machen.

Agendus und Bonsai – diese Programme gehören auf jeden Palm!

Wir haben im Laufe der letzten Jahre Hunderte von PDA-Programmen getestet. Agendus und Bonsai für Palm OS, die wir Ihnen im Folgenden vorstellen, können wir uneingeschränkt jedem empfehlen, der seinen PDA für effektives Zeitmanagement nutzen möchte. Auf der CD zum Buch finden Sie Demoversionen der Programme, die Sie für einen Monat kostenlos ohne Beschränkungen nutzen können. Pocket-PC-Besitzern empfehlen wir die ähnlichen Programme Agenda Fusion sowie TreNotes.

- Agendus arbeitet direkt mit den Daten des Palm-Kalenders, der Aufgabenliste und den Merkzetteln. Sie haben alle Ihre bereits eingegebenen Daten in agendus zur Verfügung und können sie dort bearbeiten. Sie können weiter mit der bisher von Ihnen benutzen PIM-Software auf dem PC Ihre Daten synchronisieren. Sollten Sie sich nach Ende des Testzeitraums entschließen, agendus nicht zu behalten, können Sie trotzdem alle alten, neu eingegebenen sowie veränderten Daten mit den alten Standardanwendungen weiterbenutzen. Sie verlieren dabei lediglich den Zugriff auf Spezialfunktionen von agendus, die die normalen Anwendungen nicht bieten, z. B. Farben, Symbole und akustische Alarme für Aufgaben. Agendus
- Bonsai legt eigene Dateien an, die Sie nur mit dem Programm selbst benutzen können. Zusätzlich zu der Palm-OS-Version bekommen Sie eine Windows-Version, die Ihre Daten mit dem Palm abgleicht. Bonsai

Unser System baut auf diesen Zusatzprogrammen auf. Wenn Sie nur die Standardanwendungen benutzen möchten, müssen Sie auf einen Teil der im Folgenden beschriebenen Funktionen verzichten. Probieren Sie die Zu-

satzprogramme ruhig einmal einen Monat lang aus, es ist für Sie kostenlos. So können Sie sich in Ruhe ein Bild davon machen, wie stark die beiden Programme die Leistungsfähigkeit Ihres Palm verbessern.
Bevor wir nun endlich beginnen, noch ein letztes Wort zu den Bildschirmfotos: Sie stammen von einem Sony Clié mit einer Auflösung von 480 × 320 Bildpunkten. Einige Palm-OS-PDAs bieten diese hohe Auflösung, andere haben eine niedrigere Auflösung und einen kleineren Bildschirm. Unter Umständen sehen die Programme auf Ihrem PDA also geringfügig anders aus, da das untere Bildschirmdrittel nicht zur Verfügung steht. Die Schaltflächen zur Bedienung des Programms rutschen in diesem Fall natürlich entsprechend nach oben, sodass Sie nicht darauf verzichten müssen. Auf kleinen Bildschirmen finden Sie z. B. keine zusätzliche Übersicht über den Vor- und Folgemonat in der Monatsansicht von agendus.

Bringen Sie Übersicht in Ihren Kalender

Mit agendus können Sie zusätzlich zu den Funktionen des mit Ihrem Palm gelieferten Kalenderprogramms unter anderem

- Termine mit einer Kontaktperson verknüpfen,
- Terminen eine Kategorie zuweisen,
- Termine mit einem farbigen Symbol/Icon versehen,
- Terminen eine Textfarbe zuweisen, die auch die Wochen-Blockansicht entsprechend einfärbt,
- die Woche nicht nur als Block, sondern auf Wunsch auch als Liste mit dem Text der anstehenden Termine betrachten,
- eine Monatsansicht zeigen, in der Sie dank farbiger Icons sofort den Überblick über Ihre wichtigsten Termine erhalten,
- eine Monatsansicht einblenden, die für jeden Tag zwei Uhren anzeigt, in denen verplante Zeitspannen schwarz gefüllt sind,
- viele individuell einstellbare Filter verwenden, die z. B. bestimmte Zeitspannen, lediglich Einträge einer bestimmten Kategorie oder nur mit einem bestimmten Symbol versehene Einträge zeigen.

Experten-Tipp

Nutzen Sie Farben und Icons

Mit farbigen Icons (Symbolen) verschaffen Sie sich den Überblick.

Finden Sie das für Sie passende Farbcodesystem. Wenn Sie einem Termin eine Vordergrundfarbe zuweisen, wird die gesamte für ihn verbuchte Zeitspanne in der Ansicht „Woche als Block" in dieser Farbe dargestellt. Je nach Ihrem Arbeitsumfeld können Sie z. B. bestimmte Farben für bestimmte Projekte verwenden. Oder verschiedene Farben für Termine im Haus, „Termine mit sich selbst", die Sie für B-Aufgaben geblockt haben, Termine in der näheren Umgebung und Termine in mehr als 20 km Entfernung. ◂

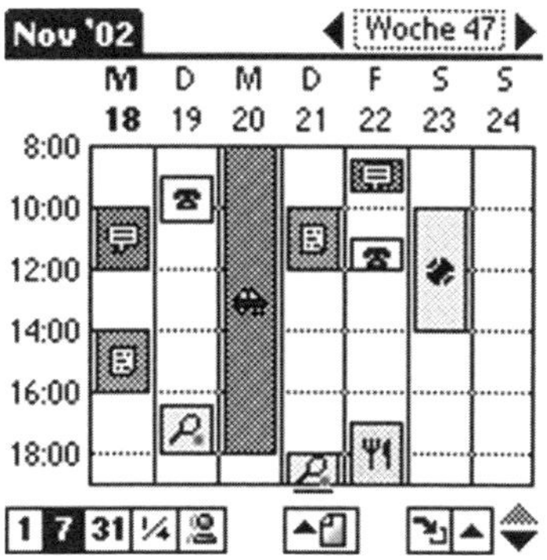

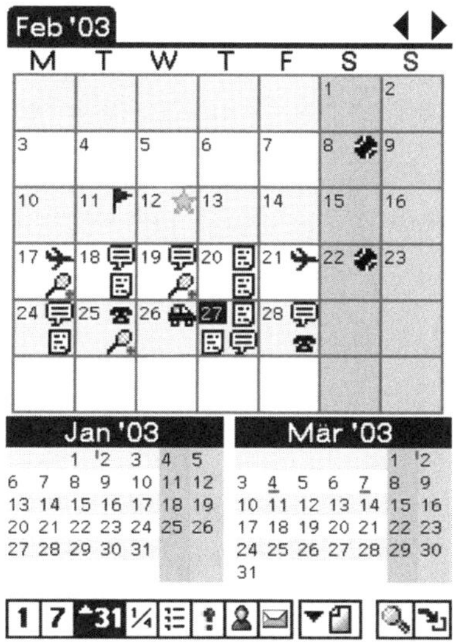

Icons helfen Ihnen, auch in der Monatsübersicht sofort zu sehen, welche Termine anstehen. Auch können Sie Filter auf bestimmte Icons setzen, also z. B. nur Termine anzeigen lassen, die mit einem bestimmten Icon versehen sind. Ordnen Sie verschiedenen Tätigkeiten Icons zu, z. B. Sprechblasen für Meetings, Torten für wichtige Geburtstage und einen Tennisschläger für das Match mit Ihren Kollegen. Benutzen Sie auch Punkte, Fähnchen und Quadrate in verschiedenen Farben, um Ihren Alltag abzubilden. Icons

Feiertage und Geburtstage können Sie mit dem kostenlosen Programm „Feiertage" von der Buch-CD automatisch eintragen. Dabei unterstützt das Programm auch Vorlagen, um Feiertagen ein Icon in agendus und Geburtstagen zusätzlich einen Alarm zuzuweisen, z. B. fünf Tage vorher zum rechtzeitigen Auswählen und Versenden einer Karte. Näheres hierzu finden Sie in der mit dem Programm gelieferten Dokumentation.

Nehmen Sie sich die Zeit, sich ein auf Ihren Alltag passendes Farb- und Iconsystem zu überlegen. Am Anfang ist es etwas kompliziert und mühsam, doch wenn Sie sich erst einmal daran gewöhnt haben, werden Sie mit einer weit besseren Übersicht auf einen Blick belohnt.

Bringen Sie Ordnung in Ihre Aufgabenliste

Fünf Prioritätsstufen

Ihr Palm kennt fünf Prioritätsstufen, die er mit entsprechenden Zahlen markiert (vgl. Eisenhower-Rangfolge ab S. 21).

- Eins entspricht dabei A-Aufgaben, die wichtig und dringend sind.
- Zwei steht für B-Aufgaben, die wichtig, aber nicht dringend sind.
- Drei steht für C-Aufgaben, die lediglich dringend sind und die Sie notfalls zugunsten von A- und B-Aufgaben streichen müssen, wenn die Zeit nicht mehr reicht.
- Vier steht für D-Aufgaben, die weder wichtig noch dringend sind. Die paar D-Aufgaben, für die sich das Eintragen in Ihre ToDo-Liste lohnt, können Sie erledigen, wenn Sie einmal etwas Zeit übrig haben oder sich eine dieser Aufgaben als spaßige bzw. interessante Erholung gönnen möchten, z. B. das Blättern in Outdoor-Katalogen.
- Die Prioritätsstufe fünf benutzen wir für Aufgaben, die zwar wichtig sind, aber momentan noch nicht begonnen werden können. Alle Aufgaben, die keinen festen Termin darstellen und die Sie erst in frühestens zwei Monaten beginnen können, tragen Sie als Priorität fünf ein. Damit erscheinen sie in der Liste ganz unten und blockieren Ihnen nicht die Sicht auf aktuelle Aufgaben. Gehen Sie alle vier bis sechs Wochen im Rahmen Ihrer Monatszielplanung die Fünfer-Prioritäten durch und bestimmen Sie, welche von ihnen Sie bald erledigen wollen. Ändern Sie bei diesen Aufgaben die Priorität entsprechend oder machen Sie einen Termin mit sich selbst daraus. Mit der Priorität fünf versehene Aufgaben

ähneln den im Papier-Vormerkkalender Ihres Zeitplanbuchs eingetragenen Tätigkeiten.

Praxis-Beispiel

Typische Priorität-fünf-Aufgaben

Stellen Sie sich vor, Sie planen einen Stellenwechsel mit privatem Umzug für den nächsten Sommer. Zwischendurch fallen Ihnen bereits Dinge ein, die Sie an Ihrem neuen Wohnort erledigen möchten, die aber noch keinen festen Termin und kein festes Fälligkeitsdatum haben. Blockieren Sie damit nicht Ihren Terminkalender, sondern legen Sie eine Aufgabe mit Priorität fünf an. ◀

Experten-Tipp

Sortieren Sie Ihre Aufgaben nach Priorität

Sortieren Sie Ihre Aufgaben immer nach Prioritäten, nicht nach Fälligkeitsdatum. Mit dem Sortieren nach Prioritäten geben Sie Wichtigkeit den Vorrang vor Dringlichkeit. ◀

In der Standard-Aufgabenliste des Palm treffen Sie Ihre Einstellungen mit der Schaltfläche „Anzeigen …“ und dem Punkt „Sortieren nach“. Klicken Sie auf das kleine, unter „Sortieren nach“ angezeigte Dreieck, dann öffnet sich eine Auswahlliste. Klicken Sie dort auf „Priorität, Fälligkeit“.

In agendus klicken Sie für diese Einstellung auf die Menüschaltfläche und wählen im Menü „Optionen“ den Punkt „Einstellungen“. Über das kleine Dreieck in der rechten oberen Ecke wählen Sie dann „Aufgaben und Anrufe“. Unten rechts erscheint daraufhin ein Kasten, in dem Sie den Eintrag „Priorität“ anklicken. Er wird nun dunkel unterlegt. Daneben sehen Sie das Wort „Verschieben“ sowie ein nach oben und ein nach unten zeigendes Dreieck. Klicken Sie auf das nach oben zeigende Dreieck, bis „Priorität“ an oberster Stelle im Kasten steht und klicken Sie dann auf die Schaltfläche „ok“.

Nur fällige Aufgaben anzeigen

Wenn Sie in der Standard-Aufgabenliste Ihres Palm auf die Schaltfläche „Anzeigen …“ klicken und dort das Kästchen „Nur fällige anzeigen“ markieren, blendet das Programm alle erst später fälligen Aufgaben aus. Sie sehen nur noch heute fällige sowie überfällige Aufgaben, die Sie noch nicht erledigt haben, obwohl sie in der Vergangenheit fällig waren. Der Vorteil dieser Ansicht ist, dass Sie eine komprimierte Übersicht erhalten, in der keine erst in einigen Tagen fälligen Aufgaben stören. Der Nachteil ist, dass Sie dazu verleitet werden, Dringlichkeit vor Wichtigkeit zu stellen und z. B. eine heute fällige, aber nicht unbedingt notwendige C-Aufgabe erledigen sowie dafür eine erst morgen fällige (deshalb ausgeblendete) B-Aufgabe liegen lassen, deren Erledigung wichtiger und besser gewesen wäre.

Individuelle Zeiträume als Filter für Aufgaben in agendus

Besser ist das Problem in agendus gelöst: In der Tagesansicht von agendus sehen Sie unter Ihren Terminen die heute fälligen sowie bereits überfälligen Aufgaben. Wenn Sie in der Leiste mit den Schaltflächen am unteren Bildschirmrand auf das Ausrufezeichen klicken, gelangen Sie in die reine Aufgabenliste von agendus (zurück in die Tagesansicht wechseln Sie mit einem Klick auf die Schaltfläche mit der „1" links unten auf dem Bildschirm). In der Aufgabenliste von agendus können Sie über das kleine Dreieck in der Mitte des oberen Bildschirmrandes wählen, für wie viele Tage Sie fällige Aufgaben im Voraus in der Liste sehen möchten. „Diese Woche" und „Nächsten 7 Tage" helfen Ihnen, den Fokus wieder auf die Woche auszurichten, die Liste nicht mit weiter entfernt liegenden Aufgaben zu überfrachten und wichtige Aufgaben bereits ein paar Tage im Voraus zu sehen sowie im Optimalfall bereits vor dem Fälligkeitsdatum erledigen bzw. ihre Erledigung vorbereiten zu können.

Besonders wichtige Aufgaben frühzeitig anzeigen

Für Ihre wichtigsten Aufgaben hält agendus eine weitere sehr praktische Funktion bereit: Halten Sie den Stift einen Moment lang auf eine der Aufgaben gedrückt. Es öffnet sich ein Menü, aus dem Sie den Eintrag „Bearbeiten" anklicken. Sie sind jetzt in der Detailansicht der Aufgabe und finden dort direkt unter dem Fälligkeitsdatum den Punkt „Vorrücken". Klicken Sie das kleine Dreieck neben „Vorrücken" an. Sie sehen nun ein Menü, aus dem Sie verschiedene Zeitspannen auswählen können. Diese Zeitspanne bestimmt, wie weit im Voraus die gerade geöffnete Aufgabe auch in der Tagesansicht eingeblendet werden soll, obwohl sie noch nicht fällig ist. Wenn Sie „2 Tage" auswählen, dann erscheint die Aufgabe schon dann in der Tagesansicht, wenn sie übermorgen fällig ist. Alle anderen Aufgaben werden in der Tagesansicht auch weiterhin erst am Fälligkeitsdatum eingeblendet.

Zusätzliche agendus-Funktionen

Mit agendus können Sie zusätzlich zu den Funktionen des mit Ihrem Palm bereits mitgelieferten Aufgaben-Programms unter anderem:

- Aufgaben mit einer Person aus Ihrem Adressbuch verknüpfen,
- individuelle „Vorwarn-Zeiten" für Aufgaben einstellen,

- Aufgaben mit Icons versehen,
- Aufgaben eine individuelle Textfarbe zuweisen,
- alle Aufgaben für einen individuell festlegbaren Zeitraum anzeigen,
- neu angelegten Aufgaben entsprechend ihrer Kategorie automatisch eine Farbe („Einstellungen“, „Farben“, „Aufgaben Kategorien“, auf entsprechende Kategorie klicken) und ein Icon („Einstellungen“, „Aufgaben Standard“, „Aufgabe Icon“) zuweisen,
- Aufgaben mit einem akustischen Alarm zu einer bestimmten Zeit an einem von der Fälligkeit unabhängigen Datum versehen,
- Anrufe als separaten Aufgabentyp für eine Telefonliste führen,
- Aufgaben in der Detailansicht über das Menü „Konvertieren“ in Termine umwandeln, wenn Sie eine feste Zeit zur Erledigung der Aufgabe als Termin mit sich selbst festsetzen,
- regelmäßige Wiederholungen für die Fälligkeit bestimmter Aufgaben festlegen und Aufgaben in einem bestimmten Abstand von ihrer Erledigung erneuern.

Praxis-Beispiel

Wiederholung oder Erneuerung?

Ihre Vorbereitung für das zweiwöchentliche Abteilungs-Meeting ist regelmäßig alle drei Tage vor dem Meeting im Voraus fällig. Wenn Sie einmal mit der Erledigung später dran sind oder das Meeting gar verpassen, ändert das an der Fälligkeit für die nächste Vorbereitung nichts.

Ihren Rasen hingegen müssen Sie weder heute noch morgen mähen, sollten es aber z. B. alle drei Wochen tun. Die Aufgabe regelmäßig zu wiederholen macht keinen Sinn – wenn Sie einmal wegen schlechten Wetters oder akuter Unlust zwei Wochen später mähen als geplant, müssen Sie erst drei Wochen später wieder mähen. Hier macht eine Erneuerung drei Wochen nach tatsächlicher Erledigung der Aufgabe Sinn, nicht eine regelmäßige Wiederholung alle drei Wochen nach der ursprünglich vorgesehenen Fälligkeit. ◂

Experten-Tipp

Umsteigen auf agendus lohnt sich

Steigen Sie auf agendus um. Die Vorteile gegenüber den Standard-Anwendungen sind so zahlreich, dass sich das Programm schnell durch den besseren Überblick und die vielen praktischen Zusatzfunktionen bezahlt macht. ◂

Wozu kann ich Kategorien nutzen?

Kategorien sind wie Schubladen in einem Aktenschrank. Sie können jedes Element in genau eine Kategorie einordnen, jede Kategorie kann mehrere Elemente aufnehmen. Auf diese Weise schaffen Sie eine ordnende Hierachie. Sie können Ihre Einträge nach Kategorien gefiltert anzeigen – so, als ob Sie nur eine Schublade des Aktenschranks geöffnet haben – oder alle Kategorien auf einmal einblenden.

Sorgfältig auswählen

Überlegen Sie, welche Kategorien für Sie am besten passen. Sie können z. B. eine Kategorie für jede Lebensrolle oder je eine Kategorie für Ihre wichtigsten Projekte anlegen. Oder auch beides. Am besten arbeiten Sie jedoch mit etwa sieben Kategorien, denn diese Zahl kann unser Gehirn noch gut intuitiv verarbeiten. Bei wesentlich mehr Kategorien geht der Ordnungseffekt schon wieder verloren, sie stiften mehr Verwirrung als Ordnung. Wählen Sie aus demselben Grund kurze Kategoriennamen, die Sie schnell erfassen und sich gut einprägen können. Palm OS bewahrt Sie vor zu viel Ballast bei den Kategorienamen, da es maximal 15 verschiedene Kategorien mit jeweils maximal 15 Zeichen im Namen zulässt.

Kategorien in Outlook und Pocket PCs

Schlagworte zum Suchen, Sortieren und Filtern

Microsoft wählt einen komplett anderen Kategorienansatz. Die Kategorien gleichen in Outlook und Pocket PCs nicht mehr Schubladen, sondern sind Schlagworte zum Suchen, Sortieren und Filtern.

Sie können Dutzende Kategorien anlegen und einen Eintrag mehreren Kategorien zuweisen. Eine bestimmte Aufgabe können Sie z. B. einem Kunden, einem Projekt, einer Ihrer Lebensrollen, zwei Ihrer damit beauftragten Mitarbeiter, einer Kostenstelle sowie einem der Meilensteine des Projekts gleichzeitig zuordnen. Manche unserer Kunden haben daraus ein hochkomplexes System entwickelt, mit dem sie gut zurechtkommen.

CD-ROM

Zusatz-Software „Beyond Contacts"

Wenn Sie auch auf dem Palm mehrere Kategorien pro Eintrag, längere Kategoriennamen sowie mehr als 15 Kategorien nutzen und diese mit Outlook abgleichen möchten, benötigen Sie eine Zusatzsoftware wie „Beyond Contacts" (eine zeitlich beschränkte Demoversion finden Sie auf der Buch-CD).

Wie Sie mit Kategorien umgehen

Möglichst einfaches System

Wenn Sie sich noch kein komplexes Kategoriensystem zugelegt haben, empfehlen wir Ihnen, lieber ein einfaches System zu wählen. Wenn Sie Ihren Palm mit Outlook synchronisieren, können Sie in der Synchronisationssoftware einstellen, ob Sie auf den Abgleich der Kategorien zwischen Palm und Outlook verzichten oder Outlook notgedrungen auf die Einschränkungen der Palm-Standard-Anwendungen beschränken möchten. Sofern Sie nicht bereits mehr als 15 Kategorien verwenden, spricht nichts gegen die Beschränkung. Ganz im Gegenteil: Sie können so schnell ein Kategoriensystem entwickeln, das überschaubar bleibt und das Sie schnell beherrschen. Arbeiten Sie lieber mit weniger Kategorien, die Sie durchdacht vergeben und konsequent nutzen.

Festlegung in agendus

To Do

Die Kategorie für einen Eintrag legen Sie in agendus folgendermaßen fest:

- Klicken Sie auf das mit einer gepunkteten Linie angedeutete Rechteck rechts oben in der Detailansicht eines Eintrags, wenn Sie ihn zum Bearbeiten geöffnet haben (in der Standard-Aufgabenliste über die Schaltfläche „Details" und einen Klick auf das kleine Dreieck hinter „Kategorie").
- Wählen Sie aus der erscheinenden Liste die gewünschte Kategorie.
- Wenn Sie in der Liste auf „Kat. Bearbeiten" klicken, können Sie über die Schaltfläche „Neu" eine weitere Kategorie hinzufügen oder eine der bestehenden Kategorien durch Klick markieren, um sie über die entsprechende Schaltfläche zu löschen oder umzubenennen.

Zuordnen nach „Orten und Tätigkeiten"

Eine interessante Alternative zur Kategorienzuordnung nach Projekten oder Lebensrollen stellt die Kategoriezuordnung nach „Orten und Tätigkeiten" dar. Sie ordnen in diesem Fall Ihre Aufgaben den Orten zu, an denen Sie sie ausführen können. Zusätzlich legen Sie Orte wie „Telefon", „E-Mails" und „Kleinigkeiten" an, um gleichartige Aufgaben für immer wiederkehrende Tätigkeiten zur Zeitersparnis im Block zu bündeln oder in kurzen Wartezeiten zwischendurch ein bis zwei Dinge aus dieser Kategorie zu erledigen. Eine Kategorie nennen Sie „überall". Wenn Sie an einem bestimmten Ort sind, zeigen Sie in Ihrer Liste nur die betreffende Kategorie an, also alles, was sie an diesem Ort bzw. im Rahmen der Tätigkeit (z. B. Telefonate im

Block) tun können. Wenn ein Eintrag zu mehreren Kategorien passen würde, ordnen Sie ihn entweder der für ihn wichtigsten Kategorie zu oder Sie stecken ihn in die Kategorie „überall“.

Praxis-Beispiel

Kategorien nach Orten

Mareike S. studiert Pädagogik an der Universität Heidelberg. Sie wohnt in einem ruhigen Städtchen in der Nähe und hat unter anderem noch eine Rolle als Betreuerin für Jugendfreizeiten. Die Kategorien in ihrem Palm hat sie nach Orten und Tätigkeiten benannt. Sie hat folgende Kategorien angelegt: „Wohnung", „Uni", „Bibliothek", „Ortskern", „Heidelberg", „Schreibtisch", „Anrufe", „Briefe /E-Mails" und „Überall".

Im „Ortskern" gibt es nur einen Supermarkt, einen Bäcker, die Post und ihre Bank, aber keine weiteren Geschäfte. Die Wocheneinkäufe sowie das Abholen eines Pakets vom Postamt, das sie nicht annehmen konnte, weil sie gerade eine Vorlesung am Vormittag besucht hatte, gehören also in die Kategorie „Ortskern".

Die Aufgaben zum Nachkaufen einer Tintenpatrone für ihren Drucker, das Aussuchen eines netten Geschenks für ihre Freundin Judith, das Reservieren einer Zugverbindung, um zum Vorbereitungstreffen für die nächste Freizeit zu fahren, sowie der Kauf der zugehörigen Fahrkarte gehören in die Kategorie „Heidelberg".

In „Schreibtisch" sammelt sie Vorbereitungs- und andere schriftliche Aufgaben für zu Hause. Die Hausarbeit fällt hingegen wie Ihre Gitarren-Übungsstunden unter „Wohnung" usw.

Mit einem Klick kann Mareike S. so ihre Aufgabenliste auf die Tätigkeiten reduzieren, die gerade am meisten Sinn machen. Wenn sie alle Tätigkeiten einer Kategorie erledigt und noch Zeit übrig hat, jedoch mindestens einmal täglich, schaut Sie in die Kategorie „Überall", damit die dortigen Einträge nicht untergehen. ◂

Planen Sie strukturiert mit Bonsai

Ihr PDA kann Informationen mehrfach strukturiert ablegen, Detailinformationen verwalten und Zusammenhänge visualisieren. Gerade auf dem kleinen Display wird strukturiertes Planen besonders wichtig. Wir empfehlen Ihnen dazu das Programm „Bonsai“, unseren klaren Favoriten aus der

Vielzahl der zu diesem Zweck erhältlichen Programme (im Englischen „Outliner“ genannt). Sie können es relativ preiswert lizenzieren und bekommen im Preis inklusive eine PC-Version dazu, um die Daten auch auf Ihrem großen PC bearbeiten sowie mit dem Palm abgleichen zu können. Sie finden Bonsai auf der Buch-CD. Für Pocket PCs empfehlen wir TreNotes.

Wenn Sie noch nie mit einem ähnlichen Programm gearbeitet haben, ist Bonsai mit Worten nur schlecht zu erklären. Sehen Sie sich die Bildschirmfotos an und probieren Sie das Programm gleich einmal aus, wenn Sie verstehen möchten, wie das Prinzip funktioniert.

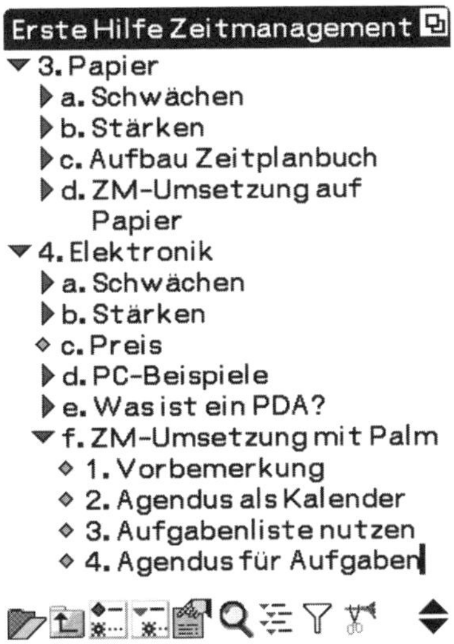

Mit Bonsai können Sie unter anderem

Funktionen

- Ideen und Entwürfe festhalten, z. B. (siehe Bildschirmfotos) eine Buchidee mit Kapiteln, Unterkapiteln und Zwischenüberschriften,
- strukturiert Notizen mit Hierachieebenen anlegen, z. B. Tagesordnungen mit Unterpunkten und verknüpften ausführlichen Notizseiten,
- einzelne Ebenen für einen Unterpunkt oder die gesamte Baumstruktur „auf- und zuklappen“, um zwischen Überblick und Details zu wechseln,
- Checklisten anlegen, deren Unterpunkte ihren Erledigungsstatus automatisch an die übergeordneten Punkte weitergeben (wenn alle einzelnen

Einkäufe erledigt sind, hakt Bonsai den Punkt „Einkäufe“ in der Vorbereitung für den Wanderurlaub in Norwegen automatisch ab),

- Prioritäten und Kategorien mit Farben für die einzelnen Punkte festsetzen,
- statt des simplen Kästchens für „erledigt“ einen Statusbalken nutzen, der den Grad des Fortschritts in Prozent anzeigt und auf Wunsch den Fortschritt aus dem Erledigungsstatus der zugehörigen Unterpunkte berechnet,
- über Start-, Fälligkeits- und Erledigungsdatum, verknüpfte Aufgaben in der ToDo-Liste und Notizen eine Art Mini-Projektmanagement realisieren,
- die Ansicht individuell konfigurieren (welche Daten wollen Sie in der Baumansicht sehen, welche nur in den Eintrag-Details?) und Filter setzen.

Masterplan, Lebensrollen und Ziele verwalten

Legen Sie in Bonsai für jede Ihrer Lebensrollen (vgl. Seite 27) einen Eintrag an.

Wie Sie einen neuen Eintrag erzeugen

- Schreiben Sie für den ersten Eintrag einfach drauflos.
- Einen neuen Eintrag erzeugen Sie mit dem Zeichen der Schrifterkennung, das der Return-Taste entspricht. Sie können auch die beiden Schaltflächen zwischen der Hand und dem Dateiordner im linken Teil der Symbolleiste zum Erzeugen eines neuen Eintrags verwenden.
- Wenn Sie später eine Übersicht sehen möchten, wie weit Sie mit dem Erreichen Ihrer Ziele für die jeweilige Rolle bereits gekommen sind, dann klicken Sie auf den Strich vor der Nummer des Eintrags. Es öffnet sich ein Menü, aus dem Sie „Tätig...“ (Abkürzung für Tätigkeit) wählen und so einen Prozentbalken sehen, der anzeigt, wie viele der Unterpunkte erledigt sind.

Unterpunkte legen Sie an, indem Sie auf den entsprechenden Haupteintrag klicken, im Bildschirmfoto also „Naturfreund“, und dann die Schaltfläche links neben der Hand in der Mitte der Symbolleiste anklicken (die ein nach unten zeigendes Dreieck mit einem darunter liegenden, nach rechts eingeordneten neuen Eintrag zeigt). So können Sie Ihren Rollen die Jahres- und Quartalsziele zuordnen.

Unterpunkte anlegen

Ziele begründen

Markus H. nimmt sich vor, einmal verschiedene Bücher mit philosophischer und historischer Relevanz durchzulesen. Nachdem er eine Liste angefertigt hat, überlegt er, mit welchem Buch er beginnen möchte, und für jedes Buch jeweils einzeln, ob sich das Lesen wirklich lohnt und warum.

Überlegen Sie sich zu jedem Ziel eine Beschreibung und eine Begründung, warum Sie es erreichen wollen, die Sie dann in einer angehängten Notiz festhalten. Als Nächstes planen Sie dann weitere Teilschritte.

Ziele herunterbrechen

Nachdem Markus H. sein Ziel festgelegt und begründet hat, fehlen ihm noch die Messbarkeit und ein machbarer Weg mit konkreten Teilschritten, um dieses Ziel in seinem bereits stark ausgelasteten Alltag zu erreichen.

Er möchte gerne mit dem Neuen Testament aus der Bibel beginnen, das allein bereits 650 Seiten umfasst. Einerseits möchte er sich konzentriert dem Text widmen und anderseits nicht besonders viel Zeit auf einmal opfern müssen – so wichtig ist es ihm dann doch wieder nicht.

Er erinnert sich an das Sprichwort „Einen Elefanten verspeist man, indem man ihn in kleine Stücke schneidet“. So beschließt er, jeden Tag jeweils bis zur nächsten Zwischenüberschrift zu lesen und ein wenig darüber nachzudenken. Dafür wird er etwa ein Jahr benötigen. Er hat damit ein Jahresziel, dass er direkt in Tagesziele heruntergebrochen hat. In einem Jahr wird er den ganzen ersten Band durchgelesen und über jedes dort berichtete Ereignis, das ihn näher interessiert, ein wenig nachgedacht haben.

Mehrere Ebenen

Füllen Sie auf diese Weise Ihren Masterplan mit Jahreszielen und brechen Sie diese weiter herunter. Je nach Art des Ziels kann es wie im Beispiel schon eine Ebene später beendet sein oder sich noch ein paar Ebenen weiter verzweigen. Am Ende könnte Ihr Masterplan z. B. so aussehen (über einen Klick auf das kleine blaue Dreieck vor einem Eintrag, das das Vorhandensein von Unterpunkten signalisiert, können Sie diese jederzeit aus- bzw. einklappen).

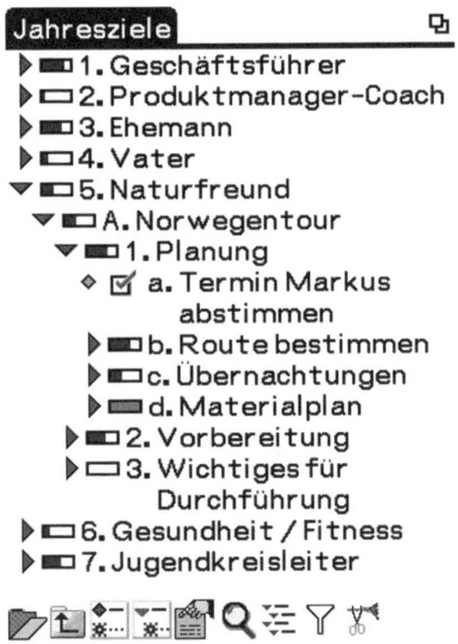

Wenn Sie für Lebensbereiche, die Jahresziele und deren Teilziele jeweils den Statusbalken aktivieren, können Sie jederzeit sehen, wie viele der Teilschritte Sie schon abgeschlossen haben. Wenn Sie einen Eintrag anklicken und danach auf die Schaltfläche mit der Hand und der Karteikarte (in der Mitte der Symbolleiste) tippen, öffnet Bonsai die Eigenschaftsseiten für den Eintrag. Hier können Sie ihm eine Priorität, ein Fälligkeitsdatum und weitere Attribute zuweisen. Über „Typ" können Sie dort auch festlegen, ob der Eintrag eine Checkbox, einen Statusbalken oder nichts von beidem erhalten soll.

Optionen

Im Menü von Bonsai können Sie in den Optionen verschiedene Einstellungen festlegen – zum Beispiel, ob Bonsai den Erledigungsstatus, ein Datum (Fälligkeit, Tage bis Fälligkeit, Erledigungsdatum, Startdatum oder kein Datum), die Priorität des Eintrags oder Verknüpfungen zu weiteren Bonsai-Dateien und -Einträgen in Ihrer Aufgabenliste auch in der Baumansicht statt nur der Detailansicht anzeigen soll. Blenden Sie für den Anfang die Priorität erst einmal aus. Lernen Sie zuerst die Grundbedienung des Systems und arbeiten Sie ein paar Wochen damit, bevor Sie es weiter verfeinern und beispielsweise Prioritäten vergeben. Auf die Verknüpfung zu Aufgaben kommen wir gleich näher zu sprechen. In den Optionen können Sie auch einstellen, mit welchen Attributen neue Einträge erzeugt werden (z. B. mit welcher Priorität) und auf Wunsch die Baumansicht in verschiedenen Farben abhängig von einer gewählten Eigenschaft der Einträge konfigurieren.

Falls Sie weitere Details zur Bedienung von Bonsai kennen lernen möchten oder mit der Grundbedienung noch Schwierigkeiten haben, lesen Sie bitte das mitgelieferte Handbuch, das Sie im PDF-Format auf Ihrer CD finden. Planen Sie zum Üben ruhig zuerst einmal eine Einkaufsliste oder die Vorbereitung eines Betriebsausflugs.

Schlüsselaufgaben definieren und Detailpläne umsetzen

Nehmen wir einmal an, eines Ihrer Ziele für dieses Jahr ist es, während Ihres Urlaubs im Spätsommer mit Ihrem Freund Markus für zwei Wochen eine Wandertour in Norwegen durchzuführen. Im nächsten Schritt definieren Sie in Bonsai nun, was zum Erreichen dieses Ziels an einzelnen Schritten notwendig ist.

Sie legen drei Punkte an:

- Planung,
- Vorbereitung und
- Wichtiges für die Durchführung (was kaufen Sie erst direkt während der Fahrt an frischen Lebensmittel ein usw.).

Nun gehen Sie diese einzelnen Schritte auf der nächsten Detailebene durch. Im Rahmen der Planung ist es zuerst einmal wichtig, mit Markus rechtzeitig einen Termin für die Reise zu finden, der Ihnen beiden passt.
Als weitere Planungsschritte haben Sie sich überlegt, dass Sie eine Wanderroute bestimmen, festlegen, wo Sie wie übernachten werden, und eine Liste aller benötigten Materialien anlegen wollen – von Allwetterkleidung über Fotoapparat, Lebensmittel und Notfallapotheke bis hin zur Wanderkarte.

Experten-Tipp

Zu jedem Ziel und Teilschritt einen Zeithorizont festlegen

Sie können in Bonsai für jeden Eintrag ein Fälligkeitsdatum festlegen, das Sie sich auf Wunsch in der Baumansicht als Übersicht für alle Einträge oder für mehr Platz auf dem Schirm auch nur in den Eigenschaften des Eintrags anzeigen lassen können.

Auch können Sie in Bonsai Filter definieren, um zwischenzeitlich z. B. nur Einträge anzuzeigen, die innerhalb der nächsten 30 Tage fällig sind. Wenn Sie jedem Eintrag ein Fälligkeitsdatum zugewiesen haben, können Sie so jeden Monat einmal den Filter deaktivieren, um Termine anzupassen und neue, in der näheren Zukunft fällige Schritte oder Detailschritte für weiter entfernt liegende Ziele hinzuzufügen. Danach aktivieren Sie den Filter wieder und sehen nur noch die aktuell anstehenden Elemente Ihrer Planung.

Ein paar Monate später ist nun der Zeitpunkt gekommen, den Sie für das Festlegen der Route vorgesehen haben. Sie legen nun einzelne für die Routenplanung nötige Aufgaben fest, die Sie nicht mehr weiter unterteilen. Zuerst einmal brauchen Sie eine passende Wanderkarte. Dann wollen Sie Ihren Bekannten Alex um Tipps bitten. Vielleicht kann er eine bestimmte Route empfehlen. In jedem Fall wird er Ihnen einige nützliche Hinweise für das Auswählen Ihrer Route geben können. Die genaue Planung der Strecke möchten Sie mit Markus gemeinsam durchführen, der gut drei Stunden Fahrzeit von Ihnen entfernt wohnt.

Verknüpfte Aufgaben

Stellen Sie Bonsai über das Optionsmenü nun so ein, dass es Ihnen verknüpfte Aufgaben zeigt.

In der Baumansicht sehen Sie nun hinter jedem Eintrag ganz rechts vier rautenförmig angeordnete Punkte, die anzeigen, dass der Eintrag noch nicht verknüpft ist. Klicken Sie dieses Symbol an, um Aufgaben in Ihrer ToDo-Liste oder z. B. für Projekte mit vielen Teilschritten eine weitere Bonsai-Datei (Outline) zu verknüpfen, die alle Details enthält.

Wenn Sie eine Aufgabe mit dem Eintrag verknüpft haben, hat Bonsai automatisch eine dem Eintrag entsprechende Aufgabe in Ihre Aktivitätenliste (agendus und die Standard-Aufgabenliste des Palm) eingefügt. Dabei weist das Programm automatisch Attribute wie Priorität, Fälligkeitsdatum und Kategorie zu – sofern Sie in agendus für Ihre Aufgaben eine Kategorie mit dem gleichen Namen wie in Bonsai angelegt haben.

Abgleich der Änderungen

Änderungen gleichen die Programme nun untereinander ab: Wenn Sie in Ihrer Aufgabenliste den Eintrag am entsprechenden Tag erledigen und abhaken, markiert ihn Bonsai ebenfalls automatisch als erledigt; wenn Sie in Bonsai das Fälligkeitsdatum ändern, bekommt die entsprechende Aufgabe in agendus ebenfalls das neue Fälligkeitsdatum usw. Lediglich das Löschen eines Eintrags in einem der beiden Programme lässt zur Sicherheit den Eintrag im anderen Programm bestehen (löschen Sie ihn bei Bedarf manuell). Auf diese Weise behalten Sie in Bonsai für Ihre langfristigen Planungen bequem die Übersicht, arbeiten bei Bedarf die ansonsten ausgeblendeten Details näher aus und übergeben schließlich mit zwei Klicks die nötigen Ausführungsschritte mit allen Details an Ihre Aufgabenliste und agendus (wenn die stichwortartige Beschreibung nicht reicht, können Sie in Bonsai eine längere Notiz anfügen, die ebenfalls übergeben und in beiden Programmen aktuell gehalten wird). Ihre Tagesplanung erledigen Sie nun mit agendus und markieren dort jeweils die erledigten Aufgaben im Laufe des Tages. Zwischendurch oder spätestens im Rahmen der Wochenplanung sehen Sie dann in Bonsai automatisch den aktualisierten Status – wenn Sie alle Teilaufgaben erledigt haben, markiert Bonsai auch den übergeordneten Schritt als erledigt bzw. das Ziel als erreicht (sofern Sie diese Option nicht deaktiviert haben).

Übergeben von Prioritäten

Sie können Ihre Prioritäten bereits in Bonsai festlegen, wenn Sie möchten. Allerdings ist es für Ihre Tagesplanung sinnvoller, Ihren Aufgaben (die das Ende der Planungsschritte in Bonsai darstellen) im Rahmen der Wochen- und Tagesplanung im Vergleich zu den gesamten Aufgaben Ihrer Liste neu zu priorisieren – je nach Situation ist z. B. vielleicht eine B-Aufgabe zur A-Aufgabe geworden.

Neue Einträge mit Priorität fünf

Stellen Sie Bonsai in den Optionen so ein, dass neue Einträge automatisch mit Priorität fünf eingefügt werden. Damit erscheinen sie ganz unten in Ihrer Aufgabenliste. Sie können Sie dann direkt von unten durchgehen und Ihnen die passende Priorität zuweisen, wenn Sie Ihre Aufgabenliste überarbeiten. Wenn Sie in Bonsai neue Einträge erzeugen und als Standard keine Priorität zuweisen, erhalten übergebene Aufgaben sonst die Priorität eins. In Bonsai stört diese Einstellung nicht weiter, da Sie die Prioritäten in der Baumansicht unabhängig von der Benutzung ein- und ausblenden können.

Parkposition

Diese Einstellung ist auch dann sehr hilfreich, wenn Sie bereits in Bonsai mit Prioritäten arbeiten: Neue Einträge mit Priorität eins oder zwei zu erzeugen erhöht die Tendenz, diese Vorgabe für jeden Eintrag zu belassen und ihn wichtiger einzuschätzen, als er tatsächlich ist. Wenn Sie neue Einträge mit Priorität fünf erzeugen, müssen Sie höhere Prioritäten manuell vergeben. Eine Verwechslungsgefahr mit unwichtigen Aufgaben der Priorität vier sowie damit verbundenes versehentliches Löschen, Ausblenden oder Übersehen verhindern Sie über die Priorität fünf ebenfalls, da Sie fünf bewusst als „Parkposition in der Warteschlange" verwenden und nur mit vier Prioritäten aktiv arbeiten (siehe auch Seiten 21 und 112).

Langfristige Planung ohne Bonsai

Wenn Sie nicht mit Bonsai arbeiten möchten, ist Ihre langfristige Planung auf dem Palm deutlich unübersichtlicher, ohne Statuskontrolle und etwas aufwändiger in der Durchführung.
Wenn Sie Ihre langfristige Planung darüber hinaus auch nicht auf Papier vornehmen möchten, legen Sie in Ihrer Merkzettel-Anwendung (Memo) eine Kategorie „Ziele" an. Erstellen Sie nun für jedes langfristige Ziel einen neuen Merkzettel, ordnen Sie ihn der „Ziele"-Kategorie zu und beginnen Sie den Eintrag mit dem Namen der zugehörigen Lebensrolle (z. B. „Naturfeund: 14-tägige Norwegen-Wandertour"). Dadurch können Sie

1. die anderen Merkzettel ausblenden, indem Sie nur die Kategorie „Ziele" anzeigen, und
2. die Ziele nach Lebensrollen geordnet sehen (alphabetische Reihenfolge anhand des Textes, der zu Beginn des Eintrags steht).

Je länger die Namen der Lebensrollen, desto weniger von deren individuellen Namen sehen Sie in der Liste aller Ziele. Kürzen Sie die Lebensrollen ab, wenn Sie dies stört (z. B. „Gf" für Geschäftsführer).
Nach Lebensrolle und stichwortartiger Beschreibung des Ziels fügen Sie einen Absatz und eine Reihe Sternchen ein, um sich in dem langen Text des Merkzettels orientieren zu können. Hierfür können Sie zur schnelleren Eingabe einen ShortCut definieren (wie das funktioniert, erklären wir Ihnen ab S. 140). Tragen Sie nun die genauere Zielbeschreibung ein, danach wieder eine Trennlinie und die einzelnen, ebenfalls durch Linien abgetrennten Schritte zur Umsetzung. Um aus den Schritten Aufgaben zu erzeugen, müssen Sie nicht alles komplett neu eingeben. Markieren Sie eine Aufgabenbeschreibung (mit dem Eingabestift über den Text fahren und dabei den Stift leicht auf den Bildschirm aufdrücken, sodass der Text gelb unterlegt

wird). Wählen Sie nun im Menü „Bearbeiten" „Kopieren". Wechseln Sie in die Aufgabenliste bzw. agendus, erzeugen Sie eine neue Aufgabe und wählen Sie im Menü „Bearbeiten" „Einfügen".

Experten-Tipp

Planen Sie in Bonsai – es lohnt sich!

Wie Sie sehen, ist dieses Verfahren wesentlich aufwändiger, arbeitsintensiver und langsamer als das Arbeiten in Bonsai. Zudem ist Bonsai um Längen übersichtlicher. Die geringe Investition in Bonsai macht sich damit sehr schnell bezahlt.

Die Wochen- und Tagesplanung auf dem Palm

Zuvor ein Wort zu den Bildschirmfotos, falls Sie noch keinen PDA besitzen: Wir haben die Schrift extra groß eingestellt, damit Sie den Text auf dem Schirm in den Abbildungen gut lesen können. Handheld-Displays können jedoch wesentlich mehr Text auf einmal darstellen, als in unseren Bildschirmfotos zu sehen ist (in vielen Palm-OS-Anwendungen können Sie die Schriftgröße im Menü unter „Optionen", „Schrift…" einstellen).

Auf dem Palm müssen Sie – im Gegensatz zur Planung auf dem Papier – keine Termine mehr übertragen, da Sie jeden Termin nur einmal in den Kalender schreiben. Sie können alle Termine dann umgehend sowohl in der Jahres-, in der Monats-, in der Wochen- als auch der Tagesansicht betrachten. Tragen Sie einmal im Jahr die Feier- und Geburtstage für das nächste Jahr ein.

Experten-Tipp

Die Tücken der automatischen Geburtstage

Im Laufe der Jahre sammeln sich Altlasten an – vielleicht sind einige früher für Sie wichtige Geburtstage inzwischen uninteressant. Auf Papier mussten Sie diese noch umständlich einzeln übertragen, sodass Sie inzwischen nicht mehr benötigte Geburtstagstermine ganz von alleine ausgelassen haben. Auf dem Palm können Sie zum Beispiel mit dem Programm Feiertage von der CD mit wenigen Klicks hunderte Geburtstage automatisch eintragen – und werden dann an den einzelnen Terminen jedes Mal erinnert. Nehmen Sie sich daher die Zeit, vor dem automatischen Eintragen der Geburtstage die für Sie nicht mehr relevanten auszusortieren (z. B. durch Löschen des Datums im Feld für Geburtstag. Wenn Sie es trotzdem speichern möchten, kopieren Sie es in das Notizfeld der zugehörigen Person, um es vom automatischen Eintrag auszuschließen). Tragen Sie Geburtstage nur jeweils ein Jahr im Voraus ein, sofern Ihre Software das erlaubt. Wenn Sie im Laufe des Jahres beispielsweise neue Kollegen bekommen, denken Sie daran, die Geburtstage nicht nur im Adressbuch, sondern auch manuell im aktuellen Kalender nachzutragen. ◂

Gehen Sie alle vier bis sechs Wochen Ihre langfristige Planung durch. Setzen Sie dazu am besten einen Termin mit sich selbst im Kalender.

Zeit für Wochenplanung nehmen

Nehmen Sie sich jede Woche in Ruhe die Zeit für Ihre Wochenplanung.

- Sehen Sie sich zuerst die Aufgabenliste mit undatierten und in der letzten Woche fälligen, aber trotzdem unerledigten Aufgaben an. Welche können Sie löschen?
- Übertragen Sie als Nächstes die Aufgaben für die kommende Woche (per Hand, falls Sie Ihre langfristige Planung auf Papier durchführen, ansonsten wie gerade beschrieben). Setzen Sie dabei ein Fälligkeitsdatum, wenn Sie dieses bisher noch nicht festgelegt haben.
- Passen Sie gegebenenfalls die Priorität an.
- In agendus können Sie jeder Aufgabe noch ein Icon und, wo zutreffend, die Verknüpfung zu einer Kontaktperson (die auch das einfache Aufrufen der zugehörigen Telefonnummer sowie Adresse ermöglicht) hinzufügen.
- Tippen Sie zum Bearbeiten der Details einer Aufgabe auf den entsprechenden Eintrag und heben Sie den Eingabestift erst wieder an, wenn ein Menü auf dem Bildschirm aufklappt. Klicken Sie dort auf „Bearbeiten". ◂

Mit dem Kategorienfilter arbeiten

Nehmen wir einmal an, Sie haben gerade wie in den Bildschirmfotos vier Aufgaben zur Planung Ihrer Norwegen-Wanderung aus Bonsai übergeben. Im nächsten Schritt wollen Sie diese wie oben beschrieben weiter bearbeiten. Damit Sie während der Bearbeitung nicht auch alle anderen Aufgaben in der Liste sehen, klicken Sie rechts oben auf das Dreieck zum Setzen des Kategorienfilters und wählen Sie die Kategorie, der die Aufgaben angehören. Die Aufgaben sämtlicher anderen Kategorien sind damit nicht mehr zu sehen, bis Sie den Kategoriefilter wieder auf „Alle" setzen. Dies erleichtert die Navigation. Weitere Tipps zu Kategorien finden Sie ab Seite 116. ◀

Nicht fällige Termine ausblenden

In agendus können Sie zum Planen der nächsten Woche in der Aufgabenansicht (rotes Ausrufezeichen in der Symbolleiste anklicken) bequem alle in der nächsten Woche nicht fälligen Einträge ausblenden. Klicken Sie hierzu auf das Dreieck in der Mitte des oberen Bildschirmrandes und wählen Sie dort die Übersicht über die „nächste Woche" oder „nächsten 7 Tage". Die „nächsten 7 Tage" zeigen dabei alle heute sowie in den sechs folgenden Tagen fälligen Aufgaben. Die „nächste Woche" umfasst unabhängig vom aktuellen Wochentag alle zwischen dem nächsten Montag und dem darauf folgenden Sonntag fälligen Einträge.

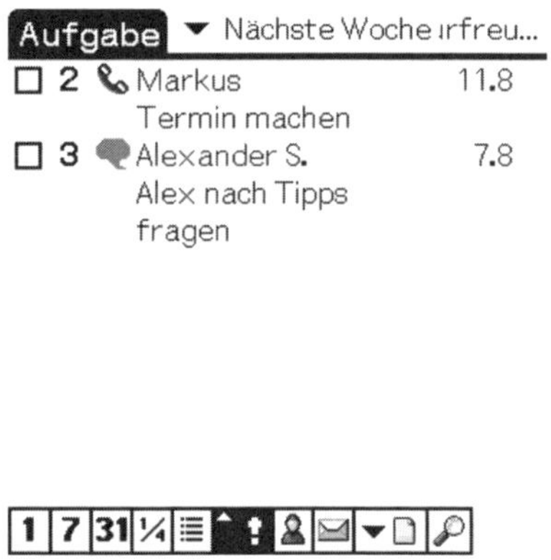

Experten-Tipp

Legen Sie immer Vor- und Nachname ab

Ein Hinweis zu den Bildschirmfotos: Die Namen haben wir nur für das Beispiel so kurz gewählt. Tragen Sie alle Namen immer in der gleichen Form (Vor- und Nachname) ins Adressbuch ein, auch gute Freunde und Kollegen, die Sie duzen. Sonst kommen Sie irgendwann durcheinander – spätestens dann, wenn „Michael" aus der Marketingabteilung zwei weitere Kollegen namens „Michael" bekommt, die nun ebenfalls für einen Teil Ihrer Projekte zuständig sind. Wenn Sie nicht die Verknüpfungsfunktion von agendus nutzen, müssten Sie zusätzlich alle bereits angelegten Zuständigkeitsverweise auf „Micha" in Ihren Notizen anpassen, um sich nicht jedes Mal zu fragen, welcher der drei denn nun gemeint ist. (Unser bisheriger Rekord an gleichen Vornamen war übrigens fünfmal „Daniel" in einem 72-köpfigen Team).

Kieselprinzip

Nachdem Sie Ihre Aufgabenliste aktualisiert haben, planen Sie nach dem Kieselprinzip für jede Lebensrolle eine B-Aufgabe als festen Termin in die Woche ein. Dazu können Sie eine Aufgabe in agendus

- direkt über das Menü in einen Termin umwandeln oder

- einen Folgetermin erzeugen, um sich unnötige Arbeit zu ersparen.

Überprüfen Sie den festgelegten Tag und denken Sie daran, dem Termin eine Uhrzeit zuzuweisen.

Der Unterschied zwischen den beiden Methoden ist folgender:

Aufgabe als Termin

- Wenn Sie die Aufgabe als Termin speichern, haben Sie danach nur noch den Termin und keine Aufgabe mehr. Auf Ihrem Desktop-PC wird bei der Synchronisation ebenfalls die Aufgabe gelöscht und dafür ein Termin erzeugt.
  - Wenn Sie in der als „Termin mit sich selbst" festgelegten Zeit die Aufgabe abschließen können, haken Sie sie manuell in Bonsai als erledigt ab.
  - Wenn nicht, konvertieren Sie den Termin zurück in eine Aufgabe, um sie später fortzusetzen. Beim Umwandeln verlieren Sie allerdings die automatische Verknüpfung zu Bonsai.

Folgetermin

- Wenn Sie einen Folgetermin erzeugen, bleibt die Aufgabe bestehen. Der Termin beginnt dann mit dem Wort „Weiter:". Wenn Sie das stört, markieren Sie das Wort, indem Sie mit dem Stift darüberfahren, und löschen Sie es. So haben Sie ebenfalls einen Termin festgelegt, an dem Sie sich um die Aufgabe kümmern werden. Die Aufgabe bleibt im Unterschied zu vorher jedoch bestehen. Wenn Sie sie am festgesetzten Termin komplett erledigt haben, haken Sie sie ab, ansonsten erzeugen Sie erneut einen Folgetermin.

Entscheiden Sie, welche Vorgehensweise Ihnen am besten liegt. Wir bevorzugen die zweite Variante, den Folgetermin.

Rückschau halten

Zum Abschluss Ihrer Wochenplanung können Sie die erledigten Einträge noch einmal einblenden, um Rückschau zu halten, was Sie geschafft haben. In agendus blenden Sie die erledigten Einträge über das Menü „Optionen“, „Einstellungen“, „Aufgaben und Anrufe“ (über das kleine Dreieck oben rechts auswählen) mit der Checkbox „Erledigte Einträge anzeigen“ ein und aus. (In der Standard-Aufgabenliste klicken Sie auf den Button „Anzeigen…“ und nutzen dort die Checkbox „Erledigte anzeigen“). Denken Sie daran, in agendus einen eventuell gesetzten Filter, der nur die Aufgaben der nächsten Woche anzeigt, auf „Diese Woche“ umzustellen. Nachdem Sie so noch einmal die erledigten Aufgaben der letzten Woche angeschaut haben, überlegen Sie, was gut gelaufen ist und was schlecht.

- Wie lagen Sie in der Zeit? Haben Sie Ihre Planungen halten können?
- Haben Sie Aufgaben für alle Lebensbereiche und -rollen erledigt?
- Wie war die Verteilung? Haben Sie mehr oder weniger geschafft als erwartet?
- Sind Sie mit sich zufrieden?
- Was war besonders gut und was können Sie aus dem Verlauf der letzten Woche lernen?
- Welche neuen Aufgaben möchten Sie im Verlauf der nächsten Woche noch erledigen?

Sorgen Sie danach für Ordnung in Ihrer ToDo-Liste, indem Sie Altlasten entsorgen, als ob Sie Seiten aus Ihrem Zeitplanbuch ausheften. Klicken Sie in agendus im Menü „Optionen“, „Arbeitsgeschwindigkeit“ auf die Schaltfläche „Erledigte Aufgaben löschen“. (In der Standard-Aufgabenliste wählen Sie im Menü „Eintrag“ den Punkt „Entfernen“. Er löscht zuverlässig alle erledigten Aufgaben, keine mehr und keine weniger. Dabei ist es egal, ob Sie die erledigten Aufgaben gerade aus- oder eingeblendet haben und ob Sie gerade einen unerledigten Eintrag angeklickt haben oder nicht – solange Sie seine Checkbox nicht abgehakt haben, wird er nicht mit gelöscht).

Die folgende Checkliste, die Sie auch auf Ihrer CD-ROM finden, hilft Ihnen dabei, nichts zu vergessen und Ihre Wochenplanung möglichst effektiv zu gestalten.

CD-ROM

Checkliste: Wochenplanung mit dem Palm

Was	ja	nein
Können Sie unerledigte Aufgaben der Vorwoche löschen?		
Sind Sie Ihre Ziele in Bonsai durchgegangen? Haben Sie Aufgaben definiert und Fälligkeiten gesetzt?		
Haben Sie die Aufgaben aus Bonsai übertragen?		
Ohne Bonsai: Haben Sie die vorigen beiden Schritte anhand Ihrer Notizen ausgeführt?		
Haben Sie Fälligkeitsdaten, Prioritäten, Icons und Kontaktpersonen gesetzt?		
Haben Sie für jede Lebensrolle eine B-Aufgabe als festen Termin geplant?		
Haben Sie eine Wochenrückschau durchgeführt?		
Haben Sie erledigte Aufgaben gelöscht?		
Haben Sie neue Aufgaben für die Woche hinzugefügt?		
Haben Sie auf Pufferzeiten, Reisezeiten sowie Zeiten für Sport und Erholung geachtet?		

Die Tagesplanung

Ihre Tagesplanung erledigen Sie dann analog zu derjenigen auf dem Papier. Anstelle bestimmter Positionen auf der Seite weisen Sie Ihre Aufgaben verschiedenen Kategorien (siehe Seite 116 ff.) zu. Agendus unterstützt dabei „Anrufe“ als eigenen Aufgabentyp, mit dem Sie unabhängig von Ihrer sonstigen Kategorieneinteilung eine Telefonliste führen können. Legen Sie auch eine Kategorie für „Kleinigkeiten“ an, also für Aufgaben, zu deren Erledigung Sie nur eine sehr kurze Zeit brauchen und die Sie in Leerlaufzeiten zwischendurch oder später gesammelt im Block erledigen können.

Praktische Tipps zur Zeitplanung mit dem Palm

Ihr „ToDo of the day" auf dem Palm eintragen

Termin ohne Uhrzeit

Auf Papier haben Sie für die wichtigste Aufgabe des Tages eine eigene Zeile. Auf dem Palm können Sie diese leicht nachbilden: Tragen Sie die entsprechende Aufgabe als Termin ohne Uhrzeit ein. Wählen Sie dafür die Schaltfläche „Keine Zeit", nachdem Sie auf das Rechteck mit einer eventuell voreingestellten Zeit geklickt haben. Die Aufgabe „schwimmt dann als Termin über den Tag" im Kalender mit.

Feiertage im PDA einfügen

Outlook

Pocket-PC-Besitzer können in Outlook die Funktion zum automatischen Eintragen der Feiertage nutzen. Wo genau sich der entsprechende Menüpunkt in Ihrer Outlook-Version befindet, erfahren Sie, indem Sie nach „Feiertage eintragen" in der Hilfefunktion suchen. Outlook 2000 kennt jedoch die aktuellen Feiertage bereits nicht mehr.

Update für Outlook

Unter http://download.microsoft.com/download/8/3/4/8346e5f0-ded3-484a-9abe-12ed4bdb2517/OutlHol.exe gibt es ein Update, das für die nächsten Jahre hilft. Diesen Link finden Sie auch auf Ihrer CD.

Auch an im Adressbuch eingetragene Geburtstage kann Outlook erinnern: Doppelklicken Sie hierfür einen Kontakteintrag, um ihn zu öffnen, wählen Sie die Registerkarte „Details" und füllen Sie das entsprechend benannte Feld aus. Sobald Sie nun den Kontakt schließen und speichern, erstellt Outlook automatisch den Geburtstag als ein jährlich wiederholtes Ereignis im Kalender.

Feiertage

Palm-OS-Benutzer, die nicht mit Outlook am PC arbeiten, können das Programm „Feiertage" von unserer CD einsetzen, um Feiertage nach Bundesland und im Adressbuch vermerkte Geburtstage automatisch einzutragen sowie bei Benutzung eines erweiterten Kalenders wie agendus von der CD auch gleich mit Alarmen, Icons oder einer speziellen Farbe zu versehen. Näheres dazu in der Programmbeschreibung.

Wie ersetze ich die linke Seite meines Zeitplanbuchs?

Angehängte Notiz

Wenn Sie zu einem Termin weitere Details eintragen möchten, dann können Sie einfach eine angehängte Notiz nutzen. Öffnen Sie dazu in agendus den Termin und klicken Sie auf die Notizschaltfläche am unteren Bildschirmrand, links neben dem Papierkorb (im Standardkalender markieren Sie einen Termin, wählen die Schaltfläche „Details“ und dann „Notiz“).

Praxis-Beispiel

Eiliges Gespräch auf der Messe

Sie sprechen während einer Messe mit einem neuen potenziellen Großkunden, der es eilig hat und gleich wieder weiter muss. Er heißt Walter L., drückt Ihnen eine Visitenkarte aus Papier in die Hand, möchte mit Ihnen morgen um 11.00 oder 16.00 Uhr über technische Details des Auftrags sprechen, bittet Sie, ihn deswegen morgen früh für die genaue Absprache der Zeit anzurufen, interessiert sich für 500 Stück von Produkt B und will wissen, ob die mit Komponente D eines anderen Anbieters kompatibel sind. Auch hätte er gerne ganz bestimmte Daten von Ihrem Produkt C – und schon muss er weiter, nachdem Sie gerade alles noch einmal wiederholen konnten ...

Mit dem Handheld sind Sie immer noch ein Stück langsamer, als wenn Sie die gleichen Daten auf dem Papier eintragen möchten. Deshalb haben Sie erst recht keine Chance, die soeben übermittelten Infos sofort während des Gesprächs in einen neuen Adresseintrag, vier mit ihm verknüpfte Aufgaben mit passender Priorität und Fälligkeit sowie weiteren Detailinfos in einer Notiz und zwei vorläufige Termine einzutragen, während der Kunde wartet.

Infos zwischenspeichern

Sie müssen die Infos also zwischenspeichern, wie auf der linken Seite Ihres Papiertagesplans. Damit können Sie sie schnell genug festhalten, um sie dann später vernünftig auszuwerten. Nur ob der Termin bei Ihnen noch frei ist, schlagen Sie bitte nach dem Mitschreiben sofort im Kalender nach. Denn Ihr Gegenüber sollte es wissen, falls bei Ihnen bereits einige der Vorschläge verplant sind. Sollten die Termine frei sein, blocken Sie sie sofort, damit Sie nicht in der Zeit, bis Sie alles „von der linken Seite“ übertragen haben, versehentlich den Termin anderweitig vergeben.

So sammeln Sie all das, was im Laufe des Tages passiert und Sie so schnell nicht richtig zuordnen können. Auch wenn Ihnen zwischendurch ein genialer Einfall kommt und Sie gerade nicht wissen, wohin damit, ist er auf „der linken Seite“ in Ihrem Palm gut aufgehoben. Wann immer Sie sich nicht sofort sicher sind, wo Sie etwas einsortieren, oder wann immer Sie nicht die Zeit haben, es sofort richtig einzusortieren, weil zu viele Infos auf einmal auf Sie einströmen, oder wenn Sie erst Rücksprache mit anderen Personen halten müssen, bevor Sie alle Details zum Eintrag richtig einordnen können, schreiben Sie die Informationen auf „die linke Seite Ihres Palm“. Aber wo ist die linke Seite?

To Do

Die linke Seite des Tagesplans im Palm nachbilden

- Öffnen Sie das mit dem Palm gelieferte Programm „Merkzettel" (im Programm-Manager, das ist die Schaltfläche mit dem Haus auf der linken Seite im Bereich für die Handschrifteingabe). Dort können Sie einzelne kleine Notizzettel verwalten.
- Wenn Sie einen Zettel geöffnet haben, können Sie links oben im gestrichelten Rechteck die Kategorie für ihn festlegen. Klicken Sie dieses Feld an, wählen Sie „Kat. Bearbeiten", „Neu".
- Nennen Sie die neue Kategorie „@linke Seite" oder „@der Tag", ganz, wie Sie am liebsten mögen. Das „@" sorgt dafür, das diese Kategorie in der alphabetisch geordneten Auswahlliste ganz oben erscheint. (Diesen Trick können Sie auch für Verzeichnisse auf Ihrem Desktop-Computer benutzen und notfalls auch verschachteln, wie etwa @@ und @@@. In der Palm-Handschrifteingabe erzeugen Sie das „@", indem Sie einmal in das Eingabefeld tippen wie bei einem Punkt und dann ein „o" eingeben.)
- Wann immer Sie nun etwas auf der linken Seite aufschreiben möchten, legen Sie einen neuen Merkzettel an – für jede Idee und für jeden Block, wie das Kundengespräch auf der Messe im Beispiel.
- Wenn Sie nach Bearbeiten des Merkzettels auf „fertig" klicken, sehen Sie die Liste aller Merkzettel. Klicken Sie rechts oben auf das kleine Dreieck und setzen Sie einen Kategorienfilter auf „@linke Seite", dann sehen Sie nur noch „Ihre linke Seite im Palm". Ein neuer Eintrag, den Sie anlegen, während der Kategorienfilter aktiv ist oder Sie einen anderen Eintrag aus der Kategorie „@linke Seite" geöffnet haben, bekommt beim Erzeugen automatisch die richtige Kategorie zugeteilt.

Linke Seite leeren

Sobald Sie im Laufe des Tages Leerzeiten haben, z. B. während Sie irgendwo warten müssen, leeren Sie die linke Seite: Rufen Sie den ersten Merkzettel der Kategorie auf und tragen Sie alles am richtigen Ort ein, wo es hingehört.

Sie können dabei Text mit dem Stift markieren, aus dem Menü „Bearbeiten“ den Punkt „Kopieren“ wählen und sich dann z. B. nach dem Anlegen einer Aufgabe über „Bearbeiten“ „Einfügen“ das erneute Tippen des Textes sparen. Wenn Sie alles aus dem Merkzettel korrekt übertragen haben, löschen Sie ihn. Machen Sie dann mit dem nächsten Merkzettel weiter. (In Ihren anderen Merkzettelkategorien können Sie Informationen ruhig dauerhaft ablegen, nur von der „linken Seite“ müssen alle Einträge so schnell wie möglich verschwinden, um richtig eingeordnet zu sein).

Je eher Sie etwas übertragen, desto besser, denn Sie werden in Stichworten mitschreiben. Nehmen Sie sich dann beim Übertragen des Eintrags die Zeit, alle wichtigen Details auszuschreiben. Wenn Ihnen heute noch klar ist, warum Sie „Fritz M. anrufen“ wollten, dann kann das nächste Woche bei Fälligkeit der Aufgabe schon anders sein. „Fritz M. anrufen wg. Fragen zur Lieferzeit von … und Preisangebot für 8.000 Stück“ wird Ihnen deutlich mehr helfen. Übertragen Sie spätestens während Ihrer nächsten Tagesplanung alle noch bestehenden Einträge aus „@linke Seite“. Löschen Sie jeden Eintrag nach dem Übertragen aus den Merkzetteln. Nur wenn Sie noch auf eine Information von Dritten warten, bevor Sie den Eintrag sinnvoll einordnen können, lassen Sie ihn stehen.

Schneller Daten eingeben

Ihr Palm bietet einige Funktionen, die Ihnen helfen, Eingaben schnell und einfach vorzunehmen.

Die vier Tasten auf Ihrem Palm, die normalerweise den Kalender, die Adressen, Aufgaben und Notizen bzw. Merkzettel öffnen, sowie das Feld für den Taschenrechner im Handschrift-Eingabebereich können Sie beliebig belegen, um nur den Organizer aus der Tasche ziehen und lediglich eine Taste drücken zu müssen, damit die von Ihnen gerade benötigte Anwendung startet. Starten Sie hierzu im Programm-Manager des Palm die Anwendung „Einstellungen“. Klicken Sie danach auf das kleine Dreieck rechts oben und wählen Sie „Tasten“ aus der erscheinenden Liste (bei einigen Palm-OS-PDAs sind die Einstellungen anders angeordnet. Wenn Sie Probleme haben, sich in den Einstellungen Ihres Organizers zurechtzufinden, schlagen Sie bitte im Handbuch nach). Über das kleine Dreieck neben den einzelnen Tasten wählen Sie das zugeordnete Programm aus. Unsere Empfehlung für die Tastenbelegung finden Sie im Bildschirmfoto (dabei haben wir die Zusatzprogramme agendus, Bonsai und Palm Reader von der CD installiert, die Taschenrechnertaste dient für ebooks).

Fortgeschrittene Anwender auf dem PC nutzen Tastenkürzel, um häufig benötigte Menüfunktionen schnell und bequem aufzurufen. Auch auf dem Palm können Sie Menüfunktionen bequem über die Kommandogeste im Graffiti-Buchstaben-Bereich aufrufen (Graffiti heißt die Handschrifterkennung des Palm).

Kommandogeste

To Do

Menüfunktionen im Graffiti-Bereich aufrufen

- Ziehen Sie dazu einen diagonalen Strich von links unten nach rechts oben im quadratischen Eingabebereich für Buchstaben. Je nach Palm-OS-Version erscheint jetzt bereits im unteren Bildschirmbereich eine Leiste, die Symbole für einige Aktion anzeigt, z. B. Ausschneiden, Kopieren oder Einfügen.
- Sie können jetzt direkt eines dieser Symbole anklicken, um die Aktion auszuführen.
- Noch schneller geht es, wenn Sie direkt nach der Kommandogeste den Code-Buchstaben für die Aktion eingeben – welcher das ist, sehen Sie im Menü hinter den über Kommandogesten erreichbaren Einträgen (die

Kommandogeste selbst gefolgt von einem Buchstaben steht dann hinter dem Klartext des Eintrags, siehe Bildschirmfoto). In vielen Programmen sind die Buchstaben-Codes für die wichtigsten Aktionen gleich.

Experten-Tipp

Hilfreiche Tricks zum Markieren

Um eine Textpassage zu markieren, setzen Sie den Eingabestift an ihrem Beginn auf, ziehen ihn, weiter auf den Bildschirm gedrückt, bis zum Ende der Stelle und heben ihn erst dann wieder an.

Mit einem Doppeltipp (zweimal schnell hintereinander auf dieselbe Stelle des Bildschirms tippen) markieren Sie zielsicher das gesamte angetippte Wort. Ein Dreifachtipp markiert die komplette Zeile. Mit der Kommandogeste gefolgt vom Buchstaben „A" („alles markieren") markieren Sie den gesamten Text. Diese Funktionen können Sie in vielen Palmprogrammen im Textbearbeitungsmodus (z. B. Editieren eines Merkzettels, nicht aber die Übersichtsliste aller Merkzettel) nutzen.

ShortCuts

Über so genannte ShortCuts können Sie häufig benutze Textpassagen ähnlich der Autotext-Funktion in Word schnell eingeben. Auch das aktuelle Datum und die Uhrzeit kann Ihr Palm automatisch einsetzen. Die ShortCuts verwalten Sie im Programm „Einstellungen" (siehe oben, diesmal „ShortCuts" statt „Tasten" als Unterbereich wählen).

In das Feld „ShortCut-Name" tragen Sie die Kurzkombination ein, die bei der Eingabe später in den langen „ShortCut-Text" umgewandelt wird. Im Bildschirmfoto sehen Sie als Beispiel den Code „tl" für eine Trennlinie. Als Text folgen ein Zeilenwechsel, eine Reihe mit Sternchen und ein erneuter Zeilenwechsel. Dieser ShortCut hilft Ihnen, in längeren Notizen schnell eine Abgrenzung verschiedener Punkte zur besseren visuellen Orientierung einzufügen.

Definieren Sie ShortCuts für sehr häufig von Ihnen benutzte längere Worte und ganze Satzteile. Die Maximallänge ist allerdings (leider ohne klaren Hinweis bei der Eingabe) begrenzt, in unserem Bildschirmfoto für den ShortCut „ab" (nur Anrufbeantworter) haben wir sie komplett genutzt.

Datum und Uhrzeit

Auch das aktuelle Datum und die Uhrzeit kann Ihr Palm einfügen. Dafür muss der ShortCut-Text direkt mit „@", gefolgt von „DS" (Date Stamp), „TS" (Time Stamp) oder „DTS" (beides zusammen) beginnen, die Buchstaben müssen Sie dabei groß schreiben (ein Beispiel finden Sie im Bildschirmfoto). Fügen Sie danach zur Übersicht am besten einen Zeilenbruch ein.

Um den ShortCut (z. B. beim Eingeben eines Merkzettels) zu benutzen, geben Sie in einem Text einfach das ShortCut-Zeichen, gefolgt vom entsprechenden Buchstabencode ein. Schreiben Sie ein kleines „l" („L") in Schreibschrift ins Graffiti-Buchstabenfeld, um das Zeichen zu erzeugen. Was in der Theorie sehr trocken und umständlich klingt, beherrschen Sie in der Praxis ganz schnell automatisch und sparen damit im Alltag viel Zeit.

Die Funktionen zur schnellen Eingabe kombinieren

Sie möchten mehrere für eine baldige Info-Veranstaltung verantwortliche Personen hintereinander anrufen, um die letzten Absprachen eine halbe Stunde vorzuverlegen. Eine der Personen, Rainer Zufall, erreichen Sie gerade nicht. Sie wissen, dass die anderen beiden Personen aus der Liste auch nur noch kurz erreichbar sein werden, und möchten sie zuvor noch anrufen. Das Ergebnis des ersten Anrufs möchten Sie daher schnell festhalten, um direkt das nächste Gespräch führen zu können.

Sie schreiben es also zuerst auf Ihre „linke Seite“: Sie drücken den Merkzettel-Button des Palm. Sie geben die Kommandogeste gefolgt von „N“ ein (sofort öffnet Ihr Palm einen neuen Merkzettel, der die gleiche Kategorie wie der vorher geöffnete bekommt, in diesem Fall also passend „@linke Seite“). Sie geben das ShortCut-Zeichen gefolgt von „aus“ ein (Datum, Uhrzeit, freie Zeile und Trennlinie erscheinen auf dem Schirm). Sie klicken in die freie Zeile und geben die Kommandogeste, gefolgt von „B“ ein (Ihr „Telefonbuch“, alle Adressen mit Telefonnummer, öffnet sich). Sie geben „Zu“ ein (das Telefonbuch findet den Eintrag „Zufall, Rainer“) und klicken auf „Hinzufügen“ (das Telefonbuch schließt sich und fügt Name, Telefonnummer sowie die Kennzeichnung „B“ für Bürotelefonnummer ein). Jetzt klicken Sie unter die Trennlinie und geben das ShortCutzeichen, gefolgt von „ab“ ein (Ihr Palm fügt „nur Anrufbeantworter, Text hinterlassen:“ ein). Was kompliziert klingt, ist in der Praxis nach ein wenig Übung ganz einfach. Mit nur einem Tastendruck sowie 16 Stiftbewegungen haben Sie in ca. fünf Sekunden den gesamten Text des folgenden Bildschirmfotos eingegeben, ohne Datum, Uhrzeit oder die genaue Nummer von Rainer Zufall kennen zu müssen.

Nun können Sie in Stichworten den aufgesprochenen Text notieren oder über zwei entsprechend definierte ShortCuts mit je drei bis vier Zeichen die häufig benötigten Texte „Rufe Sie später noch einmal an" sowie „Erbitte Rückruf, wenn Sie wieder da sind. Nr. ..." kombiniert als hinterlassene Nachricht vermerken.

Lernen Sie, Kommandogesten und ShortCuts zu benutzen, es lohnt sich!

Experten-Tipp

Lesen Sie Ihr Handbuch

Etwa die Hälfte unserer Seminarteilnehmer (diejenigen, die bereits jahrelang einen Palm besitzen, mitgezählt) benutzen vor dem Seminar noch keine Kommandogesten oder Kategorien und sind hoch erfreut zu erfahren, wie einfach man Adressen per Infrarot-Schnittstelle übertragen kann (siehe S. 100). Auch ShortCuts verwendet vor dem Seminar fast keiner unserer Teilnehmer. Mit diesen praktischen Funktionen kann man viel Zeit sparen. Viele Anwender kennen sie jedoch nicht – obwohl sie im Handbuch des Palm erklärt werden.

Die zu Ihrem PDA gelieferten Handbücher sind meist relativ kurz und flüssig zu lesen geschrieben. Solange Sie noch kein PDA-Profi sind, kann es sehr hilfreich sein, das Handbuch zu lesen. So erhöhen Sie Ihre Chancen, nützliche Funktionen nicht zu übersehen.

Sie verfügen nun über ein effektives System, um Ihre Zeitplanung auf dem Palm umzusetzen. In agendus und Bonsai steckt noch viel mehr – wir führen für jedes der beiden Programme sogar ein eigenes Tagesseminar oder auch mehrere kurze Einzelcoaching-Sitzungen für Führungskräfte durch, um alle Möglichkeiten und deren effektive Anwendung im Arbeitsalltag genau zu erklären, wenn unsere Kunden dies wünschen.
Schauen Sie deshalb ruhig einmal in die zugehörigen Handbücher oder experimentieren Sie noch etwas mit dem Programm, um die weiteren Funktionen zu entdecken!

Wie finde ich meine optimale Kombination aus beiden Welten?

Die beste Kombination finden

Markus H. hat nach einigen Monaten seine Planung inzwischen gut im Griff. Er merkt, wie er deutlich effektiver und gelassener geworden ist. Richtig stolz ist er, wenn wesentlich ältere Kollegen sein Organisationstalent bewundern und ihn bitten, ihnen sein Zeitplansystem einmal näher zu erklären.

Bei seiner Position als Produktmanager stand ihm nach einem Notebook für seine häufigen Reisen auch ein PDA zu. Er hat sich für einen schickes, kleines Gerät mit hoher Akkulaufzeit und wenigen, aber praktischen Extras entschieden. Über eine drahtlose Bluetooth-Verbindung kann er sein Handy in der Aktentasche lassen, während er über ein Bluetooth-Headset telefoniert und das Gespräch bequem per Klick auf einen Eintrag im Adressbuch des PDA einleitet. Während er auf das Taxi, die S-Bahn oder das nächste Flugzeug wartet, kann er mit dem Handheld schnell neue E-Mails abrufen, um die wichtigsten unterwegs zu lesen und zu beantworten. Dabei bleibt das als Modem fungierende Mobiltelefon dank Bluetooth ebenfalls in der Aktentasche.

Von dem kleinen Gerät ziemlich begeistert überlegt er nun noch einmal gründlich, ob er nicht nur für die Adressen, sondern auch für seine langfristige Zeitplanung, Aufgabenlisten, Termine und Notizen umsteigen wird. ◂

Was sind die wichtigsten Vor- und Nachteile der Systeme in Kürze?

Im Folgenden finden Sie eine Zusammenfassung unserer ausführlichen Kapitel zu Papier und Elektronik. Kreuzen Sie in der Checkliste an, welche Stärke des jeweiligen Systems für Sie wichtig ist, und notieren Sie den betreffenden Bereich dazu (z. B. „Gruppenzusammenarbeit und Datenaustausch“ nur für Termine und Adressen, „Markierungen, Farben und Skizzen“ hingegen ausschließlich für Notizen, langfristige Planung sowie Besprechungsprotokolle).

Schwächen des Papiers

Beschränkte Kapazität

Die Kapazität von Papierplanern ist stark begrenzt. Schon einmaliges Ändern der Daten ist unschön, mehrfaches Ändern sehr schwierig. Kaum jemand macht sich trotz wiederholter Warnungen guter Zeitmanagementtrainer den Aufwand, die Seiten seines Zeitplanbuchs mehrmals im Jahr unter den Kopierer zu legen – ein Verlust bringt daher oft den Verlust eines Großteils der Daten mit sich und kommt einer Katastrophe gleich.

Umständliche Terminverwaltung

Terminserien sowie weit im Voraus liegende Termine können Sie auf Papier nur umständlich verwalten. Falls Sie im Büro eine elektronische Gruppenterminplanung nutzen (ob freiwillig oder von der Firma vorgeschrieben), ist der beidseitige Datenabgleich per Hand zeitaufwändig und fehlerträchtig.

Stärken des Papiers

Stets einsatzbereit

Aber ein Papierplaner hat auch Stärken. Er ist immer und überall einsatzbereit. Papier ist für jeden ein seit Jahren vertrautes Medium. Versehentliches Löschen oder Ändern von Daten kommt im Gegensatz zu Handheld oder PC praktisch nicht vor. Sie können sich beliebige eigene Formulare ausdrucken sowie vorhandene anpassen. Daten, die nicht in Papierform vorliegen, können Sie trotzdem so gut wie immer ausdrucken, lochen und abheften.

Übersichtlich

Papier ist elektronischen Lösungen im Punkt der Übersichtlichkeit meilenweit voraus: Beim PC sind Sie auf eine Bildschirmseite und beim PDA gar auf einen sichtbaren Bereich, der kleiner als die eigene Handinnenfläche ist, beschränkt. Vor allem erfordert das Mitschreiben auf Papier nur sehr wenig Aufmerksamkeit und ist zudem „gehirngerechter“. Sie können Verdeutlichungen von Zusammenhängen sehr einfach grafisch vornehmen.

Übersicht: Die wichtigsten Stärken des Papiers und die größten Schwächen der Elektronik

Stärke Papier	Schwäche Elektronik	Ist für mich wichtig (×) In welchem Bereich?
Ausfallsicher, immer funktionsbereit	(Sehr) seltene Ausfälle aufgrund von Hard- und Softwarefehlern sowie leerer Akkus möglich	
Intuitiv, leicht an eigene Bedürfnisse anpassbar	Hohe Lernkurve, komplex, starre Systeme ohne eigene Anpassungsmöglichkeit	
Überall Markierungen, Farben und Skizzen möglich, spricht beide Gehirnhälften an	Oft rein textbasiert, überwiegend linkshirnig, nur selten eigene Skizzen und Markierungen möglich	
Lautlos, erfordert geringe Konzentration	Bindet Aufmerksamkeit des Benutzers mehr als Papier, erzeugt bei Dateneingabe Geräusche	
Sehr gute Übersicht	Durch begrenzte Bildschirmgröße und nur wenig Möglichkeiten zur freien Illustration und Kolorierung nur schlechte Übersicht	
Emotinale Bindung, wirkt seriöser, allgemein hohe Akzeptanz	In einigen Situationen unpassend, erweckt bei bestimmten Menschen den Eindruck der Überwachung oder eines Spielzeugs	

Schwächen der Elektronik

Keine individuellen Markierungen möglich

Sobald Sie etwas anders eintragen möchten, als es in den mitgelieferten Anwendungen des elektronischen Zeitplaners vorgesehen ist, stoßen Sie an die ersten Grenzen. Mit Farbstiften können Sie auf Papier alles beliebig kolorieren, doch die Standard-PIMs aktueller PDA-Betriebssysteme können noch nicht einmal dem Text einzelner Termine oder Aufgaben individuell eine Farbe zuweisen.

Schlechter Überblick

Auch der Überblick über größere Zeiträume fällt schwer, weil die Bildschirmchen kleiner als die eigene Handinnenfläche sind. Handheld-Displays können selbst mit der besten Software nicht die Übersicht bieten, die Sie auf ausfaltbaren oder mehreren nebeneinander gelegten Seiten des Zeitplanbuchs haben.

Einarbeitung

Um mit einem PDA effektiv zu arbeiten, benötigen Sie als durchschnittlicher Nutzer eine deutlich höhere Einarbeitungszeit als für ein Papiersystem. Und wenn die Akkus erst einmal leer sind, geht ohne Steckdose nichts mehr.

Stärken der Elektronik

Fast grenzenlose Kapazitäten

Weder ein Jahrzehnte haltender Terminkalender noch Tausende Adressen, Aufgaben und Notizen bringen die Geräte an ihre Kapazitätsgrenzen. Elektronische Bücher sowie PDF-Dateien mit dreistelliger Seitenanzahl wandern in wenigen Sekunden auf den kleinen Begleiter, um mit ihm in der Tasche zu verschwinden. Mit entsprechenden Zusatzprogrammen können Sie nicht nur die Daten vieler aktueller PC-Anwendungen mitnehmen, sondern auch unterwegs bearbeiten und hinterher auf den großen Heimrechner zurücksynchronisieren. Sie können umfangreiche Notizen mit Terminen und Adressen verknüpfen und problemlos mit dem Büro-PC zur Gruppenterminplanung abgleichen. Wer seinen elektronischen Helfer verliert, hat wenigstens noch alle bis auf die in den letzten Stunden geänderten Daten, sofern er einmal täglich kurz mit dem Desktop synchronisiert. Mit einem Verschlüsselungsprogramm sind die Daten zudem vor neugierigen fremden „Findern“ sicher verborgen.

Übersicht: Die wichtigsten Stärken der Elektronik und die größten Schwächen des Papiers

Stärke Elektronik	Schwäche Papier	Ist für mich wichtig (×) In welchem Bereich?
Nahezu unbegrenzte Kapazität bei minimalen Abmessungen, große Anwendungsvielfalt	Kapazitätsgrenzen bei vielen Adressen, Terminen oder Notizen schnell erreicht	
Verknüpfung zwischen den Daten, automatische Aktualisierung bei Änderung	Nur manuelle Verweise, bei Änderung sorgfältiges einzelnes Umschreiben nötig	
Leichte Änderungen und Wiederholungen über Automatik	Wiederholung nur umständlich manuell einzutragen, Änderungen zwingen zum Radieren	
Verschiedene Ansichten, Sortierungen und Filter für dieselben Daten verfügbar, Volltextsuche möglich	Nur jeweils nach einem Kriterium zu ordnen, sonst muss man Daten mehrfach einpflegen: Kundentermine entweder alphabetisch nach Kunden, nach Branche und Firma oder im Kalender nach Datum und Uhrzeit sortiert.	
Gruppenzusammenarbeit und Datenaustausch	Austausch nur umständlich manuell in Gegenwart des Benutzers möglich	
Datensicherung und Verschlüsselung mit geringem Aufwand möglich	Kopieren sehr langsam und aufwändig, daher Verlust fatal; Verschlüsselung nicht praktikabel, Daten für alle sichtbar	

Wenn Sie die obigen Checklisten ausgefüllt haben, werden Sie bereits eine Tendenz erkennen, ob Sie eher Papier oder Elektronik bevorzugen und in welchen Bereichen Sie das zweite System zur Ergänzung hinzuziehen.

Hier noch ein paar weitere Fragen, die Ihnen helfen können um festzustellen, was Ihnen mehr liegt.

Checkliste: Bin ich eher ein Papier- oder ein Elektroniktyp?

Was	ja	nein
Tun Sie sich schwer im Umgang mit PC, Videorecorder und Mobiltelefon, obwohl Sie es bereits mehrmals und längere Zeit versucht haben? Wenn ja, dann bleiben Sie am besten beim Papier als Hauptsystem.		
Müssen Sie oft mit Kollegen Daten abgleichen/austauschen oder arbeiten Sie im Büro mit Gruppenterminplanung? Steigen Sie für die entsprechenden Daten (z. B. Termine, Adressen) auf Elektronik um.		
Arbeiten Sie gerne und viel am Computer? Dann werden Sie wahrscheinlich auch Spaß an einem Handheld haben und zudem den Datenaustausch von PC und Handheld zu schätzen wissen.		
Sind Sie ein visuell denkender Typ, der gerne Skizzen und Symbole nutzt, mit Textmarkern arbeitet, Notizzettel nicht schnurgerade auf Linien, sondern mit einer Art „grafischer Informationsanordnung" beschreibt und Anmerkungen an Texte schreibt? Nutzen Sie für die von Ihnen entsprechend bearbeiteten Bereiche Papier.		
Welches System benutzen Ihre Kollegen oder Partner? Das gleiche System zu benutzen erhöht die Corporate Identity und erleichtert den Daten- und Erfahrungsaustausch.		
Wie wichtig ist der Planer für Ihr Auftreten vor Kunden und Partnern? Erwartet man von Ihnen als Vertreter eines modernen IT-Unternehmens das neueste PDA-Modell (das Sie dann auch zumindest hin und wieder benutzen sollten) oder würde ein Handheld eher wie ein Spielzeug oder „Überwachungsgerät" wirken?		

Finden Sie Ihr Hauptsystem

Sind Sie in einer der beiden Welten „zu Hause“? Bringt Ihnen eine der beiden den besseren Überblick oder die höhere emotionale Bindung? Wenn Sie nur eines mitnehmen dürften, würden Sie sich für Papier oder Elektronik entscheiden?

Ausprobieren

Wenn Sie sich bisher noch nicht sicher sind, welche der beiden Welten Ihnen für welchen Bereich mehr liegt und es auch in den Checklisten „unentschieden steht“, probieren Sie einfach einmal einige Zeit, wie gut Sie mit den Systemen klarkommen. Entscheiden Sie sich einfach für Papier oder Elektronik als Hauptsystem und ggf. für eine Ergänzung in den einzelnen Bereichen. Drucken Sie sich z. B. Tagespläne von der Buch-CD aus, um einmal für drei Wochen zu prüfen, wie gut Sie mit der Terminplanung auf Papier zurechtkommen, oder bitten Sie einen Kollegen, Ihnen den ausgedienten Handheld vor dem Verkauf drei Wochen zum Test zu überlassen.

Praxis-Beispiel

Manchmal reicht Papier völlig aus

Nach sieben Jahren in seiner Firma nimmt Dirk N. ein Sabbatical – eine Auszeit, um für zehn Monate eine theologische Fachschule zu besuchen. In dieser Zeit denkt er nicht nur intensiver über seine Lebens-, sondern auch über die taktische Zeitplanung nach. Er ist ein schlagfertiger, optimistischer, stets für Neues offener Mensch, der überall beliebt ist und immer für gute Stimmung sorgt. Die kleinen elektronischen Palm-Organizer findet er schon lange interessant. Doch seine Finanzmittel sind aufgrund der beruflichen Auszeit recht knapp. Gerade hat er bereits ein etwas älteres gebrauchtes Notebook eines Markenherstellers nach sorgsamer Überlegung als Leasingrückläufer von einem Fachhändler erworben. Damit kann er seine E-Mails verwalten, Texte, Briefe und Referate schreiben sowie CDs hören. Ob ein Handheld das knappe Geld wirklich wert ist? Um sich als recht initiativer Typ nicht zu einem Spontankauf hinreißen zu lassen, leiht er ein älteres PDA-Modell von einem Bekannten aus.

Nach drei Wochen Test im Alltag stellt Dirk N. fest, dass so ein Handheld zwar recht praktisch ist, für ihn selbst aber ein Zeitplanbuch aus Papier völlig ausreicht. Er hat weder Hunderte von Adressen mit vielen Änderungen noch besonders viele Termine, die er im Auge behalten muss. Somit benötigt er nur einen Papierplaner mit Wochenkalendarium. Im Rahmen eines Sonderangebots hat er die Gelegenheit, für 20 Euro ein gutes Zeitplanbuch zu erwerben. Das jährliche Nachfüllpaket mit Kalendarium, Infoblättern und ausreichend leeren Notizseiten wird ebenfalls etwa 20 Euro kosten, seine Formulare druckt er am PC selbst. Auch muss er mit dem Zeitplanbuch nicht lange üben, um schnell Daten eintragen oder nachschlagen zu können. So kann er sich ganz darauf konzentrieren, sich von seiner perfekt organisierten Partnerin die wichtigsten Lektionen über strukturiertes Planen und geordnetes Eintragen verschiedener Informationen beibringen zu lassen. ◀

Experten-Tipp

Hauptsystem plus Ergänzung

Wählen Sie ein Hauptsystem (Papier oder Elektronik), das Sie standardmäßig für alle Bereiche einsetzen, und dazu eine Ergänzung, auf die Sie aus bestimmten Gründen jeweils für einzelne Bereiche umsteigen. ◀

Welches elektronische Hauptsystem?

Entscheiden Sie sich für Ihre elektronische Planung ein zweites Mal für ein Hauptsystem: Möchten Sie überwiegend

- am Handheld oder
- am Büro-PC

planen?

PC und PDA können zwar die wichtigsten Daten untereinander abgleichen, doch die meisten Programme bieten auf einem der beiden Geräte bestimmte Sonderfunktionen oder zusätzliche Einträge, die auf dem anderen Gerät nicht zur Verfügung stehen. Einige Erweiterungsprogamme funktionieren nur auf dem Handheld oder nur auf dem PC – auch wenn sie auf vorhandene Daten aufsetzen, die mit dem anderen Gerät austauschbar sind.

Von daher empfehlen wir Ihnen, Ihre elektronische Planung entweder auf dem PC oder dem PDA auszuführen. Nutzen Sie das andere Gerät überwiegend als Sicherheitskopie, zum Nachschlagen oder höchstens noch, um hin und wieder einen Eintrag zu aktualisieren. Entscheiden Sie sich:

Büro-PC als Hauptsystem

- Verbringen Sie fast Ihren kompletten Tag am Büro-PC, im Home-Office oder in der Nähe Ihres Laptops, der den Büro-Rechner ersetzt? Schätzen Sie besonders den großen Bildschirm, den riesigen Funktionsumfang und das Zusammenspiel völlig verschiedener Software für „die großen Computer?“ Dann empfehlen wir Ihnen, den PDA überwiegend als Nebensystem zum Nachschlagen und Aktualisieren unterwegs zu nutzen.

- Sind Sie viel unterwegs (eventuell auch in der Firma bzw. in Besprechungen), ohne dauernd einen Laptop dabei zu haben oder aufklappen zu wollen? Bevorzugen Sie ein paar ausgefeilte Planungsprogramme, die auf die wichtigsten Funktionen für effektive Planung optimiert sind und wenige, dafür sehr praktische Zusätze wie farbige Symbole zur schnellen Orientierung im Kalender bieten? Stören Sie sich nicht am kleinen Handheld-Bildschirm und bevorzugen Sie die wesentlich leichtere Bedienung und höhere Systemstabilität mit weniger Abstürzen und Problemen als auf einem „großen PC“? Dann ist der PDA das optimale Hauptsystem für Sie.

PDA als Hauptsystem

- Wem Tablet PCs nicht zu groß und schwer sind, für den sind sie als Hauptsystem besonders interessant (z. B. aufgrund der Stiftbedienung mit Eingabemöglichkeit für Skizzen, Textmarkerfunktionen sowie als Bild speicherbarer Handschrift bei verhältnismäßig großem Bildschirm – verglichen mit Handhelds): Sie ersetzen einen Teil der Elektroniknachteile durch Papiervorteile und behalten dabei gleichzeitig alle Vorteile der Elektronik. Die weitere Entwicklung der Tablet PCs sowie speziell angepasster Software in den nächsten Jahren wird in jedem Fall sehr interessant werden.

Tablet PC als Hauptsystem

Exkurs: Der Tablet PC – das Beispiel des Florian K.

Florian K. betreut den landesweiten Großkundenvertrieb für bestimmte PC-Komponenten eines internationalen IT-Konzerns. Einerseits reist er viel, um sich vor Ort über die Anforderungen der Kunden zu informieren und ihnen die neuesten Produkte zu erklären. Andererseits hat er viele Besprechungen an seinem Heimatstandort, um die Bedürfnisse und Einsatzszenarien der Kunden in die Entwicklung neuer Produkte einfließen zu lassen und sich über die neuesten Daten aus der aktuell gefertigten Modellreihe zu informieren. Man erwartet von ihm nicht nur modernste technische Ausstattung, es macht ihm auch Spaß, die Technik zu ergründen und neue Wege zu gehen. Deshalb hat er sich entschieden, seine Planung künftig rein elektronisch zu führen.

Buch mit integriertem Bildschirm

Vor kurzem hat Florian K. sein Notebook gegen einen Tablet PC eingetauscht. Der ist ebenso leistungsfähig – unterwegs kann er seine Präsentationen editieren, den Kunden stark vergrößerte 3D-Ansichten über den Detailaufbau der Produkte im CAD-Programm zeigen und mit seinem zusätzlich erworbenen externen DVD-Laufwerk auf längeren Zugfahrten zur Entspannung ein aktuelles Video schauen. Er hat sich für ein Tablet PC-Modell entschieden, das er zum Arbeiten in herkömmlichen PC-Programmen genau wie ein kleines Notebook benutzt. Wenn er Datenblätter oder E-Mails lesen, das Gerät als Zeitplanbuchersatz benutzen oder in Besprechungen mitschreiben möchte, dreht er das Display, klappt es auf die Tastatur und hat so eine Art „Buch mit integriertem Bildschirm", der nach außen zeigt.

Spezieller Stift

Mit einem speziellen Stift kann er den berührungsempfindlichen Bildschirm wie mit einer Maus bedienen. Auch kann er in entsprechend vorbereiteten Programmen Eingaben per Handschrift vornehmen sowie an beliebigen Stellen Skizzen in verschiedenen Farben und Strichdicken hinzufügen, Elemente einkreisen, sie wie mit einem Textmarker farbig unterlegen oder den Eingabestift umdrehen und wie mit einem Radiergummi seine Anmerkungen wieder löschen. Wenn ein Programm nicht für den Tablet PC-Einsatz vorbereitet ist, muss er auf diese Funktionen verzichten, kann aber den Text außer mit der Tastatur auch über eine Handschrifterkennung eingeben. Die wandelt sein Gekrakel erstaunlich zielsicher in echten Text um – es klappt zwar nicht immer perfekt, aber das kann er nur zu gut verstehen, schließlich hat er selbst auch auf Papier hin und wieder Probleme, seine Handschrift zu entziffern.

OneNote

Seine PIM-Software, sein Mind-Mapping-Programm für die kreative Ideensammlung und sein Office-Paket sind für die volle Verwendung aller Stiftfunktionen bestens angepasst. Besonders praktisch für Besprechungen findet er das Programm „OneNote" aus MS Office 2003: Zuerst fragt er die anderen Teilnehmer, ob es ihnen unangenehm wäre, wenn er die Sitzung als komplettes Tondokument (quasi wie mit einem Diktiergerät) aufzeichnet. Normalerweise hat niemand etwas dagegen. Jetzt kann Florian K. über die Tastatur längere Texte als Notizen eintippen. Dabei kann er einzelne Textteile beliebig auf der Seite platzieren. Im Handumdrehen hat er sie in Aufgaben umgewandelt, die automatisch in seine Outlook-Aufgabenliste wandern. An beliebigen Stellen auf der Seite fügt er Skizzen, Ablaufpläne, kurze handschriftliche Stichwörter sowie Markierungen ein.

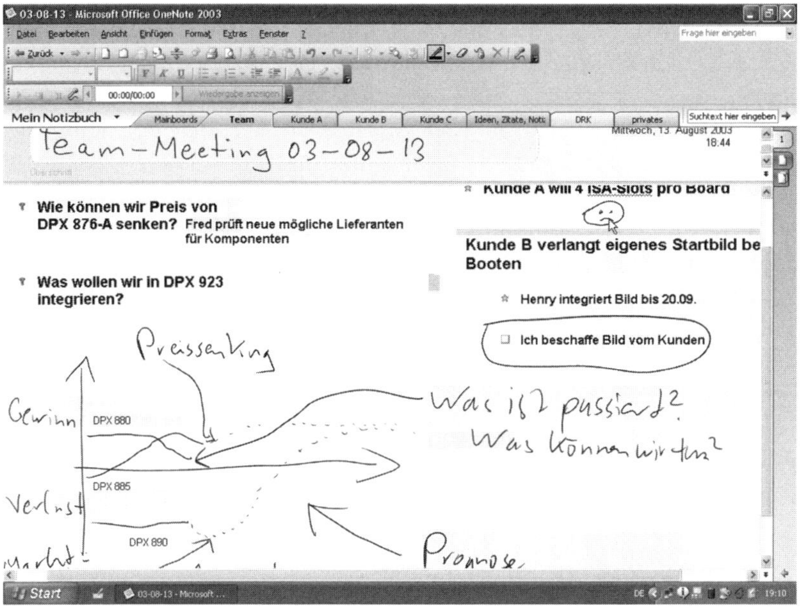

In OneNote hat er sämtliche Besprechungen, an denen er teilgenommen hat, sowie seine gesamten Notizen gesammelt. Ein Zeitplanbuch wäre längst aus allen Nähten geplatzt. Über eine Volltextsuche und kurze aus den Texten extrahierte Stichwörter hilft ihm OneNote zusätzlich, zu allen Detailfragen das passende Dokument zu finden. Wenn er einmal vergessen hat, worum genau es bei seinen stichwortartigen Notizen ging, kann er den Audio-Mitschnitt anhören. Dabei merkt sich OneNote für jedes auf der Seite angelegte Element die Erstellungszeit und setzt bei einer von Florian K. notierten Aufgabe genau zu dem Zeitpunkt im Tondokument mit der Wiedergabe an, zu dem er die Aufgabe eingetippt hat. Damit spart er sich langes Suchen oder Spulen.

Die Akkulaufzeit des Tablet PC beträgt mehrere Stunden. Er wacht beim Einschalten fast umgehend wieder aus dem Ruhezustand auf. Über den integrierten WLAN-Adapter zum Einsatz in drahtlosen Funknetzen kann

WLAN-Adapter

sich Florian K. an jedem Standort seines Unternehmens frei im Gebäude bewegen und in allen Besprechungsräumen direkt auf seine am Heimatstandort auf dem Server liegenden Daten der Abteilung zugreifen, E-Mails und Internetseiten aufrufen. Das Planen von Besprechungen mit den anderen viel reisenden Kollegen ist dadurch deutlich einfacher, da er in Outlook bereits sehen kann, welche Zeitspannen bei den Kollegen verbucht sind. Auf Knopfdruck sucht die Software den in der nächsten Woche am besten passenden Termin und verschickt nach Bestätigung durch Florian K. automatisch Einladungen für das Meeting an die gewünschten Teilnehmer. Über die Rückantworten hält ihn Outlook ebenfalls in einer Übersicht auf dem Laufenden.

PDA als Nebensystem

Wenn auf Messen doch einmal der Akku versagt, Florian K. kein Gramm zu viel mitschleppen möchte oder privat unterwegs ist, hat er nur seinen PDA dabei. Er hat sich für ein besonders kleines Modell entschieden, das zusätzlich über Bluetooth drahtlos mit seinem Tablet PC die PIM-Daten abgleichen kann. So hat er auch dann Zugriff auf seine Daten, wenn er den Tablet PC nicht dabei hat. Gestern Abend rief ihn direkt vor der 20.00-Uhr-Kinovorstellung noch ein Großkunde an, der sich dringend für eine Besprechung mit ihm treffen wollte. Florian K. machte mithilfe seines PDA einen noch freien Termin zwei Tage später mit ihm aus.

Auch seine Kollegen setzen auf die Kombination aus Tablet PC und PDA. Da sich Florian K. besonders gut auskennt, kann er ihnen hin und wieder bei Problemen mit dem System helfen. Bis er das Gerät komplett im Griff hatte, musste er einiges lernen – aber schließlich hat er Informationstechnik studiert und es macht ihm viel Spaß, die Möglichkeiten moderner Technik zu entdecken. Er freut sich auch über so manche interessante Entdeckung der Kollegen. Wann immer einer von ihnen einen praktischen Tipp entdeckt, stellt er ihn dem Rest des Teams in einem abteilungsinternen Forum zur Verfügung.

So kommt Florian K. fast ohne Papier aus. Unterwegs erhält er noch so manche gedruckte Unterlagen, die er dann auch in Papierform archiviert, da ihm das Einscannen zu mühsam ist. Einige Dokumente druckt er auch in den Zeiten digitaler Signaturen noch zum Unterschreiben aus. Eigene Berichte liest er gerne auf Papier Korrektur. Und natürlich schreibt er Geburtstagsgrüße an seine Freunde sowie die regelmäßigen, kleinen Liebesbriefchen an seine Frau noch immer per Hand – das wird er auch nie ändern.

So kombinieren Sie für sich am besten

Siegeszug der Kombisysteme

Zur Zeit setzen gut 40 Prozent aller Zeitplansystembenutzer komplett auf Papier und 40 Prozent komplett auf Elektronik. Etwa seit Herbst 2002 hat auch das große Abwandern von Papier zu Elektronik aufgehört und hält sich mit Umsteigern in die Gegenrichtung in etwa die Waage. In den letzten drei Jahren ist dafür der Anteil an Kombi-System-Nutzern stark gestiegen und lag zur Drucklegung des Buches bei etwa 20 Prozent. Wir erwarten einen weiteren Siegeszug der Kombisysteme, die wir für optimal halten.

Nutzen Sie das jeweils Beste aus beiden Welten!

Dass Sie sich im letzten Schritt für ein Hauptsystem entschieden haben, schließt die Ergänzung durch ein Zweitsystem für bestimmte Teilbereiche nicht aus. Ganz im Gegenteil – warum nicht für jeden Bereich individuell entscheiden, welche der beiden Welten für einen selbst die meisten Vorteile bietet? Benötigen Sie einen PDA als Kalender für die Gruppenterminplanung, müssen Ihre Aufgabenliste aber handschriftlich führen, da Sie sich mit einem reinen steril gedruckten Computertext nicht mehr so gut wie mit Ihrer individuellen Handschrift identifizieren können und sich sonst der Liste nicht ausreichend verbunden fühlen? Dann planen Sie Ihre Termine mit dem Palm und Ihre Aufgaben auf Papier.

Experten-Tipp

Hier Papier, dort Elektronik

Für die meisten Anwender hat es sich dabei in der Praxis bewährt, für das Anfertigen von Mind-Maps und „gehirngerechten" Telefonmitschriften immer auf Papier zu setzen. Und selbst wenn Sie Elektronik nicht mögen und in langjähriger Kleinarbeit Ihr Papiersystem optimal angepasst haben, ist ein PDA nur für Ihre Adressen wahrscheinlich die optimale Ergänzung – verwalten Sie Ihre Adressen in jedem Fall elektronisch. Stimmen Sie die anderen Bereiche individuell auf Ihren Typ ab.

Wer sein Zeitmanagement über Jahre hinweg perfekt an seinen Papierorganizer angepasst hat, keine Gruppenterminplanung nutzt und mit moderner Technik schon immer auf Kriegsfuß stand, ist mit einem PDA nur für die Verwaltung seiner mehreren hundert Adressen gut bedient. Auch der begeistertste PDA-Freak kann davon profitieren, seinen elektronischen Begleiter öfter einmal an einem speziellen Platz in einem großen Zeitplanbuch aus Papier aufzubewahren. In Besprechungen mit bestimmten Kundengruppen und Geschäftspartnern wird er so nicht als unseriöse Spielernatur abgetan und zudem hat er genug Platz für Brainstorming, Mind-Maps sowie kreativ-chaotische Telefonnotizen.

Für jeden Einzelnen gilt es nun, die für ihn optimale Kombination herauszufinden, die am besten seinen Anforderungen entspricht, ohne ihn zum Sklaven der Hilfsmittel zu machen. Der eine plant Aufgaben elektronisch Wochen im Voraus und liebt die automatische Sortierung, während er sich aufgrund der Übersicht von Papierkalendern mit Monatsübersichten sowie ausfaltbaren Projektplanern für eine Terminverwaltung auf Papier entscheidet. Der Nächste wiederum bevorzugt die Flexibilität elektronischer Terminplanung ohne Kapazitätsbegrenzung, „denkt“ jedoch beim Anlegen und Verwalten seiner täglichen Aufgabenlisten lieber auf dem Papier.

Für jeden Bereich nur eine Welt

Suchen Sie sich für Ihre indivuellen Bedürfnisse jeweils das Beste aus dem Bereich Papier bzw. Elektronik zusammen. Dabei ist es wichtig, dass Sie jeden Teilbereich wie Aufgaben oder Termine entweder komplett elektronisch oder komplett auf Papier führen, sich in jedem Bereich also für eine der beiden Welten entscheiden.

Praxis-Beispiel

Die Kombination des Markus H.

Markus H. hat sich entschieden: Adressen und Aufgaben plant er im PDA, den er außerdem noch für weitere Anwendungen nutzt. Seine Termine, Ziele, langfristigen Pläne, Gesprächsnotizen und allgemeinen Notizen verwaltet er weiterhin in seinem Zeitplanbuch aus Papier. Texte, die er überarbeiten oder intensiv lesen möchte, druckt er aus und führt sie in seinem Zeitplanbuch mit, um sie mit farbigen Markierungen und handschriftlichen Anmerkungen versehen zu können. Nur direkt zu einer bestimmten Person gehörende Notizen (z. B. ein paar Sätze über die Stellung des Betreffenden in der Firma, die Zuständigkeitsbereiche und Themen, in denen die Person besonders kompetent ist) schreibt er in den an die Adresse angehängten Notizzettel in seinem Palm, weil sie dort so perfekt zugeordnet werden. ◂

Ein typischer Arbeitstag von Markus H. und seinem Kombisystem läuft dann in etwa so ab:

Ein typischer Arbeitstag

Morgens öffnet er sein Zeitplanbuch, für das er eine spezielle PDA-Lederhülle zum Einstecken auf der rechten Seite besitzt.

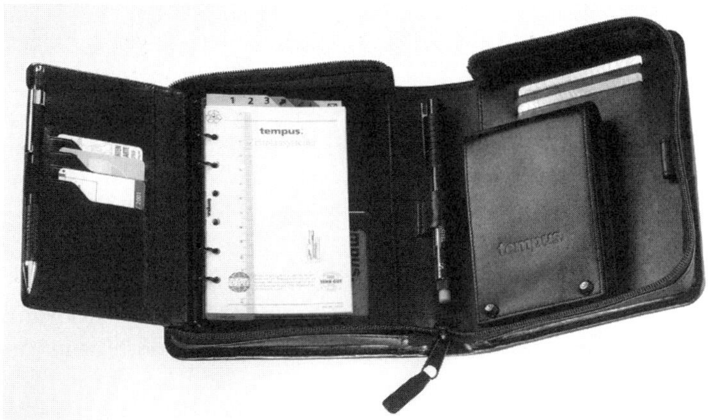

Er schaut in seinen Tagesplan und sieht, dass er die ersten beiden relativ ruhigen Stunden seines Arbeitstages für seine B-Aufgabe des Tages, die Vorbereitung einer Sitzung zur Einführungskampagne eines der von ihm betreuten Produkte, verplant hat. Er öffnet in seinem Outlook die in dem Ordner für das Produkt abgelegte E-Mail mit dem angehängten 20-seitigen Kampagnenplan der Marketingabteilung. Diesen druckt er aus und begibt sich mit seinem Zeitplanbuch, zwei Textmarkern, einem Druckbleistift und einer Tasse Kaffee an sein Stehpult, um das Dokument zu lesen sowie besonders wichtige Passagen und Teile, zu denen er Anmerkungen hat, zu markieren. Gleichzeitig hat er in seinem Zeitplanbuch die Registerkarte für das zugehörige Produkt und dahinter eine für das nächste Meeting vorbereitete Planungsseite aufgeschlagen, um sich in einem Mind-Map weitere Notizen in seinem Zeitplanbuch zu machen. Zwei kurze Rückfragen an die Marketingabteilung notiert er als Aufgabe der Kategorie „Anrufe“ in seinem

Palm, da er genau weiß, dass der Kollege immer erst etwas später kommt und dafür abends länger bleibt.

Nach zwei Stunden hat er seine B-Aufgabe für heute erledigt und das Papier der Marketingabteilung durchgearbeitet. Auf das kommende Meeting ist er nun über sein Mind-Map im Zeitplanbuch sowie die Anmerkungen auf dem Ausdruck, den er gefaltet hinten in seinen Planer legt, perfekt vorbereitet.

Überraschende Terminänderung

Kaum ist er wieder an seinem Schreibtisch angelangt, da klingelt sein Telefon. Es ist die Rechtsabteilung: Die Zulassungsbedingungen für Pflanzenschutzmittel in einem von ihm betreuten Land werden überraschend nächste Woche geändert und er müsse dringend die Testphase für ein gerade neu in der Entwicklung befindliches Produkt innerhalb der nächsten zwei Tage anmelden, da es sonst unter die neue Regelung fallen und damit zwei Jahre länger in der Erprobungsphase verbleiben müsste. Damit hat er eine neue A-Aufgabe. Sofort ruft er den für seine Tests Verantwortlichen vor Ort an, der jedoch nicht ans Telefon geht. Markus H. notiert die Aufgabe also in seinem Palm als Priorität 1, Fälligkeit gestern (damit Sie ein Ausrufezeichen erhält und ganz oben erscheint), und setzt für eine Stunde einen Alarm auf die Aufgabe, um sie auch wirklich nicht zu vergessen – gut, dass agendus für den Palm diese Funktion nachrüstet. Er blendet nun in seiner Aufgabenliste alles bis auf die Kategorie „Anrufe“ aus und führt fünf als anstehend eingetragene Telefonate im Block. Während der Telefonate macht er in seinem Zeitplanbuch Notizen und mithilfe des Zeitplanbuchs zwei Termine aus.

Danach schaut er wieder in die Aufgabenliste seines Palm und wechselt in die Kategorie „E-Mails“. Er schreibt drei anliegende Nachrichten und bearbeitet dann im Block seinen Mail-Eingang. Kurz bevor er fertig ist, meldet sich sein Palm mit dem Aufgabenalarm, den er für zehn Minuten auf „schlummern“ stellt, um die E-Mails für heute Vormittag zuerst vollständig abzuarbeiten. Danach greift er zum Telefon und erreicht den Produkttestverantwortlichen vor Ort in Russland. Er hatte eine Verknüpfung zwischen der Aufgabe und dem Adressbuch in seinem Palm definiert, sodass er die Nummer bequem aus der über den Alarm geöffneten Aufgabe aufrufen konnte. Bis morgen wären alle Formalitäten zur Anmeldung erledigt, versichert sein Gegenüber. Markus H. trägt für morgen früh einen Termin für eine Telefonkonferenz zum Start der Testphase in sein Zeitplanbuch ein. Er wird sich morgen in Paris befinden und muss dafür eine der Verabredungen

am Vormittag absagen, aber die Telefonkonferenz für die Erprobungsphase des neuen Produkts hat eindeutig Vorrang.
Danach schlägt er wieder die Seite für den heutigen Tag auf und sieht, dass er in zwanzig Minuten ein Gespräch mit seinem Vorgesetzten hat und sich danach schnell in die Kantine begeben sollte, da er am Nachmittag bereits nach Paris fliegen wird. Er öffnet schnell noch einmal die Aufgabenliste in seinem Palm, blendet alle Aufgaben ein und erledigt noch eine kleinere Aufgabe der Priorität 1 vor dem Treffen mit seinem Vorgesetzten.

Diktierfunktion

Nach dem Essen nutzt er die Zeit im Zug zum Flughafen für ein 15-minütiges Nickerchen. Danach kommen ihm immer die besten Ideen. Und während er durch den Flughafen geht, zückt er seinen Palm und betätigt die Taste für die Diktiergerät-Funktion. Er kann so weitergehen und hat eine Hand sowie beide Augen frei, während er sich über die Diktierfunktion quasi Notizen macht. Im Flugzeug angekommen nimmt er sein Zeitplanbuch sowie ein paar Ohrhörer aus der Tasche, um die aufdiktierten Notizen abzuhören und in seinem Zeitplanbuch in die Vorbereitungsseiten für die Besprechungen heute Abend und morgen Vormittag einzutragen.

PDA

Markus H. schätzt die Vorteile seines Kombisystems sehr, da er jeweils die für ihn wichtigsten Vorteile der beiden Welten vorfindet. Seine umfangreiche Adressliste hat er mit dem PDA immer dabei. Auf Knopfdruck kann er sie bequem mit seinem großen PC abgleichen und unterwegs direkt über den PDA gesteuert auf dem Handy Telefonnummern wählen. Seine Aufgabenlisten verwaltet er mit dem Handheld, weil erledigte Aufgaben sofort sauber aus der Liste verschwinden, diese nach Prioritäten sortiert ist, erst in ein paar Tagen fällige Aufgaben noch ausgeblendet sind und damit nicht unnötig seine Aufmerksamkeit beanspruchen und er die Aufgaben nach Kategorien gefiltert einblenden kann. Farben, Markierungen oder individuelle Gestaltung benötigt er weder für seine Aufgaben noch für die Adressen, sodass er mit dem PDA perfekt bedient ist.

Hörbuch und Präsentationen

Auch ein Hörbuch nimmt er auf seiner Speicherkarte für den kleinen Begleiter des Öfteren mit. Auf einen Tipp von einem im Bereich der mobilen Elektronik sehr versierten Freund hin hat er für 250 Euro noch eine Adapterkarte für Datenprojektoren gekauft. Bei seinen Präsentationen begeistert er die Zuhörer jetzt bereits am Anfang neben seinen gut ausgearbeiteten

Einleitungen auch dadurch, dass er die Folien direkt vom Handheld auf den Beamer zaubert.

Papier

Für seine Planungen, Termine und Notizen bleibt Markus H. bewusst beim Papier. Mit seinem Zeitplanbuch ist er bestens vertraut, er kann alles blitzschnell nachschlagen und eintragen. Farben, Markierungen und Planskizzen kann er im Handumdrehen überall einfügen und sich trotzdem voll auf seine Gesprächspartner konzentrieren. Auf automatisches Sortieren kann er in diesen Bereichen verzichten und die Kapazität seines Zeitplanbuchs reicht ihm völlig, da er alte Seiten regelmäßig aussortiert und nur das Wichtigste mitschreibt. Papier bietet für ihn den besseren Überblick. So begeistert er von seinem PDA ansonsten auch ist – Papier hat seiner Meinung nach bedeutend mehr Stil und ist ihm als Zeitplansystem einfach sympathischer.

Entscheiden Sie sich für jeden Teilbereich für ein System

In der Praxis mussten wir immer wieder feststellen, dass das Mischen von Papier und Elektronik sehr gut, aber ein Mischen innerhalb einzelner Teilbereiche der eigenen Planungen hingegen so gut wie nie funktioniert. Von dieser Regel gibt es nur zwei Ausnahmen:

Ausnahmen

- Adressen elektronisch verwalten und unterwegs einen Ausdruck auf Papier mitnehmen.
- Die (langfristige) Terminplanung elektronisch, die Tagesplanung auf Papier durchführen.

Wenn Sie sich entscheiden, eine dieser Ausnahmen zu wählen und im besagten Bereich Papier und Elektronik mischen möchten, beachten Sie unbedingt die folgenden Regeln:

Adressen für unterwegs ausdrucken

Ausdruck regelmäßig aktualisieren

Wenn Sie ein Zeitplanbuch benutzen, Ihre Adressen am PC verwalten und unterwegs mit einem Ausdruck arbeiten möchten, so denken Sie daran, regelmäßig den gesamten Ausdruck zu aktualisieren. Drucken Sie einfach die gesamte Liste neu und werfen Sie die vorige ins Altpapier, anstatt sie umständlich per Hand zu ändern. Wenn Sie unterwegs neue Visitenkarten in die Hand gedrückt bekommen oder sich per Hand eine neue Adresse bzw. Änderung aufschreiben, dann reservieren Sie hierfür einen speziellen Platz in Ihrem Zeitplanbuch. Machen Sie es sich zur Gewohnheit, sofort nach Ihrer Rückkehr ins Büro anstehende Adressänderungen abzutippen und dann die Notiz zu vernichten bzw. durchzustreichen und abgetippte Visitenkarten in einem speziellen Buch oder Ordner zu sammeln, falls Sie sie wegen der Individualität jeder Karte aufheben möchten. Schlagen Sie Adressen jedoch immer im PC bzw. der ausgedruckten Liste in Ihrem Zeitplanbuch nach – sonst kommen Sie irgendwann auf die Idee, dass sich das Abtippen bei einigen der Karten doch nicht lohnt und haben die Adresse dann im entscheidenden Moment nicht dabei.

Elektronische Termine mit Tagesplanung auf Papier

Einige unserer Seminarteilnehmer finden es sinnvoll, die Terminplanung aufgrund der vielen Änderungen, der Möglichkeit zur Gruppenterminplanung sowie der Filterfunktionen elektronisch durchzuführen, bevorzugen für die Tagesplanung aber aus Gründen der Individualität und besseren Merkbarkeit der eigenen Handschrift Papier.
Wenn Sie sich für diese Mischung entscheiden, benötigen Sie immer beides bei sich: Ihren Tagesplan auf Papier sowie Ihren PDA für Termine in der Zukunft. Gehen Sie dann folgendermaßen vor:

To Do

Langfristige Termine elektronisch, Tagesplanung auf Papier

- Alles, was nicht den heutigen Tag betrifft, gehört in Ihren PDA.
- Drucken Sie zu Beginn Ihrer Tagesplanung am Morgen bzw. Vorabend alle Termine und alle für den heutigen Tag anstehenden Aufgaben aus.
- Eventuell lohnt sich für Sie auch das Abschreiben anstelle eines Ausdrucks. Was im ersten Moment paradox klingt, weil es mehr Zeit beansprucht und Sie etwas vergessen könnten, wenn Sie nicht genau hinsehen, macht auf den zweiten Blick Sinn: Dadurch, dass Sie alle Termine und Aufgaben noch einmal selbst abschreiben und danach in Ihrer Handschrift auf Papier vor sich sehen, erhöhen Sie die Merkbarkeit und fühlen sich den Inhalten stärker verpflichtet. Die Planung geht weitaus intensiver in Ihr Unterbewusstsein über, als wenn Sie sie einfach nur ausdrucken und lesen. Beim Abschreiben können Sie die Planung gleich individuell um-

stellen – oder kreativ auf die Seite verteilen und verzieren, wenn Sie der Typ dafür sind.

- Nach dem Ausdruck (bzw. Abschreiben) ist der heutige Tag in Ihrem PDA tabu: Tragen Sie Neues, Änderungen sowie Streichungen nur noch auf dem Ausdruck ein. Schlagen Sie nur noch im Ausdruck nach und arbeiten Sie für alles, was heute betrifft, nur noch mit der Papierversion.
- Noch einmal ganz deutlich: Alles, was sich im Laufe des Tages für den aktuellen Tag ändert, nur auf dem Papier eintragen. Vermerken Sie alle Änderungen und Neuigkeiten für zukünftige Tage hingegen nur elektronisch – und zwar sofort, ohne Zwischenstufe auf Papier.
- Am Ende des Tages Unerledigtes aus der Papierplanung bei der nächsten Tagesplanung für morgen auf Papier oder für einen der Folgetage elektronisch eintragen. ◂

Legen Sie jetzt fest, wie Ihre individuelle Kombination aussehen soll!

Übersicht: Meine Kombination aus Papier und Elektronik

CD-ROM

Für ... bevorzuge ich:	**Papier**	**PDA**	**PC**	**benötige ich nicht**
Adressen				
Langfristige Termine				
Wochenplanung				
Tagesplanung				
Aufgabenplanung				
Allgemeine Notizen				
Projektbezogene Notizen				
Personenbezogene Notizen (Freunde, Kunden)				
Gesprächs- und Besprechungsmitschriften				
Brainstorming, Ideensammlungen				
Checklisten, Einkaufslisten				
Kassenbuch, Einnahmen-/Ausgabenbuch				
Fahrtenbuch				
Weitere Formulare wie Lauf-/Diättagebuch usw.				
Projektplanungen				

Zielplanungen				
Masterplan				
Lebensrollen, Werte, Mission-Statement				
Informationssammlungen (Kreditkarten-Sperr-Telefonnummern, Messekalender, Entfernungstabellen, Preislisten, Produktlisten usw.)				

Stärken nutzen, Nachteile aufheben

Wer so sein Hauptsystem entweder als PDA oder als Zeitplanbuch findet und gegebenfalls nach einer Testphase zur Orientierung durch die für ihn praktischen Bereiche des anderen Systems ergänzt, macht sich die Stärken beider Welten so zunutze, dass sich ihre Nachteile nahezu gegenseitig aufheben. Ob Datenabgleich mit den Kollegen im Büro, unbegrenzte Kapazität sowie Verschlüsselung für Termine und Adressen oder große, übersichtliche Projektpläne, ohne Ablenkung angefertigte sowie jederzeit ohne Ersatzbatterien griffbereite Gesprächsnotizen und kreativ angeordnete, mit Skizzen versehene Ideensammlungen – mit einem im schicken schwarzen Kalbslederetui vereinten Kombisystem, in dem friedlich ein im Licht silbern glänzender PDA zu Hause ist, ist man in jeder Situation optimal gerüstet.

Mit einem kombinierten Planersystem stehen Sie immer auf der sicheren Seite: Technikhasser werden den PDA in diesem Fall als ein Tool, das nach ihrer Ansicht dem intelligenten Menschen nur als Adressverwaltung und zum mobilen E-Mail-Abruf tauglich ist, dulden. Extreme Elektronikfreaks hingegen, die jeden Zeitplanbuchbesitzer am liebsten gleich für das Museum sicherstellen und konservieren würden, werden Sie als fortschrittlichen Menschen ansehen, der lediglich für große Zeichnungen oder zur Weitergabe von Informationen an „mittelalterliche Zeitgenossen ohne Handheld“ noch ein paar Notizblätter in einer sehr stilvollen Behausung für PDA und Handy nebenbei unterbringt.

Fangen Sie an und gewöhnen Sie sich an Ihr System!

Lassen Sie sich Zeit

Eine neue Gewohnheit zu entwickeln dauert etwa drei Wochen – drei sehr harte Wochen. In den ersten Tagen werden Sie vielleicht Spannung und Euphorie empfinden, während Sie mit dem neuen System arbeiten. Doch danach machen sich Zweifel und Enttäuschung breit, da anfangs alles etwas länger dauert und Sie den Erfolg und die langfristige Arbeitserleichterung oft auch erst ein wenig später spüren. Nach der anfänglichen Hochphase folgt ein Tief, das neue System wird Sie nerven, Sie werden vor allem die Schwachpunkte sehen und eventuell auch Ihre anfänglichen Schwächen bei der Benutzung (sowohl bei der richtigen, effektiven Nutzung des Papiers als auch eines elektronischen Organizers/Programms) auf das System schieben. Es ist wie beim Joggen – viele geben nach den ersten paar Tagen auf. Doch wenn Sie etwa drei Wochen durchhalten, haben Sie bald eine neue Gewohnheit entwickelt. Bald schon erledigen Sie alles halbautomatisch mit drastisch weniger Zeitaufwand, Fehlern und Problemen als noch am Anfang. Bald schon sehen Sie erste Erfolge und vielleicht macht Ihnen das Arbeiten mit dem neuen System sogar schon aufgrund des Systems selbst Spaß.

Experten-Tipp

Ausdauer führt zum Ziel

Lernen Sie mit Ihrem neuen System zu arbeiten, auch wenn es mühsam wirkt und keinen Spaß macht. Bleiben Sie in den ersten drei Wochen dran, auch wenn es hart ist. Danach haben Sie schnell eine Gewohnheit entwickelt und alles geht wie von selbst.

Wenn Sie nach vier bis fünf Wochen noch immer nicht mit einem System klarkommen, überdenken Sie noch einmal Ihre Planung. Fragen Sie jemanden, der erfolgreich mit dem System arbeitet, oder einen Coach, was Sie anders machen könnten oder wo Ihr Denkfehler liegt. Überprüfen Sie nach dieser Zeitspanne auch, ob Ihnen das System wirklich etwas bringt, ob es zu Ihnen passt oder ob Sie nicht doch darauf verzichten bzw. ein anderes System nutzen sollten.

Nehmen Sie sich die Zeit, Ihren Umstieg gründlich zu planen

Gut geplant ist halb gewonnen

Das System muss zu Ihnen, Ihren Anforderungen, Ihrer Persönlichkeit und Ihren Vorlieben passen. Informieren Sie sich über die Stärken und Schwächen der beiden Welten und definieren Sie Ihre Anforderungen. Entscheiden Sie sich in jedem Teilbereich für ein System.

Aktionsplan

Nehmen Sie sich die Zeit, Ihren Einstieg ins Zeitmanagement sowie die Benutzung eines Zeitplanwerkzeugs gründlich zu planen. Erstellen Sie einen realistischen Aktionsplan mit Zielen, ohne sich zu übernehmen. Geben Sie sich genug Zeit für die Umsetzung und bleiben Sie konsequent daran, die Planung mit Ihrem Zeitplanwerkzeug zur neuen Gewohnheit zu entwickeln!

Die Einarbeitung in ein neues Zeitplanbuch, einen PDA sowie das „Denken und Handeln“ nach den Strategien und Taktiken effektiven Zeitmanagements sind am Anfang wie bereits erwähnt sehr mühsam und zeitaufwändig.

Von daher ist es besonders wichtig, dass Sie die Zusammenstellung Ihres persönlichen Zeitplanwerkzeugs sowie Ihren Aktionsplan zur Umsetzung Ihrer Planung vorher in Ruhe genau durchdenken. Lassen Sie sich ruhig von einem Coach beraten und während des Ein- bzw. Umstiegs begleiten. Denken Sie lieber eine Stunde länger nach und schlafen Sie noch einmal eine Nacht über Ihre Entscheidung, als dass Sie nach vier Wochen feststellen, dass das gewählte System nicht zu Ihren Ansprüchen passt und Sie doch wieder einen umständlichen Wechsel vollziehen müssen.

Dies ist jedoch kein Aufruf, die Entscheidung unnötig vor sich herzuschieben. Wenn Sie ein ungutes Gefühl bei Ihrer Entscheidung für einen der Teilbereiche haben, gehen Sie ihm auf den Grund. Trauen Sie sich ruhig, etwas Neues auszuprobieren. Tun Sie dies aber nicht, wenn Sie aus bestimmten Gründen ernsthafte Bedenken haben und Sie mit der Alternative ebenso gut auskämen.

Überlastung vermeiden

Übernehmen Sie sich nicht. Es ist besser, wenn Sie eine Sache konsequent und richtig umsetzen, als wenn Sie fünf Dinge auf einmal versuchen und dabei aus Überlastung scheitern. Es gibt zwei Wege, Ihr Zeitplansystem zu einem Teil Ihres Lebens werden zu lassen. Beide werden auf lange Sicht befreiend wirken und Ihnen helfen, Ihren Lebenszielen näher zu kommen. Genauso werden beide am Anfang einengend und quälend sein. Entweder Sie nehmen sich zwei bis drei Tage Zeit und stellen dann – am besten nach einem Seminar, mithilfe eines Coaches oder nach intensivem Durcharbeiten zweier Bücher zum Thema – auf einen Schlag Ihr gesamtes Leben auf die Benutzung des Planungstools um. Das ist die wohl nervenaufreibendere Variante. Oder Sie picken sich jeweils nur einen Bereich heraus, den Sie dann in den folgenden vier Wochen konsequent mit Ihrem Planungstool umsetzen, um danach dabei zu bleiben und den nächsten Punkt in Angriff zu nehmen.

Praxis-Beispiel

Umsetzung Schritt für Schritt

Lars M. sprüht nur so vor Energie und hat viele Träume und Ideen, die er gerne umsetzen möchte – am liebsten alle auf einmal, und zwar sofort. Früher hat er Planungen gehasst, doch inzwischen hat er gemerkt, dass er nur mit System, Planung und Geduld seine Träume zur Realität machen kann – gerade dann, wenn dies im Beruf, Privatleben und ehrenamtlichen Bereich die Mitarbeit anderer erfordert. Deshalb beschließt Lars M., künftig mit einem Zeitplansystem zu arbeiten. Er weiß, dass ihm dies nicht leicht fallen wird und er sich nur ungern in Strukturen zwängen lässt.

Er engagiert einen Coach, der ihn in seinem Büro schnell über die notwendigen Grundlagen informiert, mit ihm ein System zusammenstellt, einen Aktionsplan erarbeitet und etwa alle vier Wochen mit ihm per Videokonferenz eine Auswertungsstunde mit Theoriewiederholung sowie die Planung des nächsten Schrittes durchführt.

Zuerst einmal lernt Lars M., alle seine Termine und Adressen konsequent in das Planungstool zu schreiben, sie nur dort zu pflegen und es immer mit sich zu führen. Das hilft ihm schon ungemein weiter, da er vorher alles auf verschiedene Zettel und Kalender verteilt hatte, sodass er immer wieder mit Chaos und verlorenen Einträgen zu kämpfen hatte – gerade bei den ToDo-Listen. Daher vermerkt er nach einem Monat erfolgreichen Einstiegs als Nächstes die Aufgaben konsequent im Zeitplanbuch, versieht sie dort mit Prioritäten und plant und kontrolliert ihre Erledigung. Nach anfänglichen Rückschlägen und sechs Wochen Zeit hat er auch diese Disziplin mit Bravour gemeistert. Nun sind endlich seine Lebensrollen und Ziele dran, die er sich zusammen mit der Wochenplanung als Nächstes vornimmt. Danach setzt er die genaue Tagesplanung um, im nächsten Schritt folgen Projektplanungen und dann ein strukturiertes Ablegen von Ideen und Notizen. Im Folgemonat fügt er ein Fahrten- sowie Ein- und Ausgabenbuch hinzu, um herauszufinden, wohin sein ganzes Geld am Monatsende immer verschwunden ist.

Nach etwas über einem halben Jahr hat er sich so komplett auf sein Zeitplansystem eingestellt, das er genau auf sich optimiert hat – die beiden bilden ein perfektes, harmonisches Team, was anfangs kaum einer seiner Kollegen für möglich gehalten hätte. Lars M. ist stolz und sehr zufrieden, denn die Mühe hat sich gelohnt: Er vergisst weniger, hat den besseren Überblick, widmet den für ihn wichtigen Dingen mehr Zeit als vorher, geht Projekte konsequenter an, arbeitet effektiver und hat bei besseren Ergebnissen im Beruf sogar noch ein wenig mehr Zeit als früher für Sport und Freunde. ◂

Nutzen Sie effektives Zeitmanagement und erreichen Sie Ihre Ziele!

Wir empfehlen Ihnen hier weder ein bestimmtes Gerät noch eine bestimmte Kombination von Papier und Elektronik. Würden wir Sie und Ihre Ansprüche genauer kennen, zum Beispiel im Rahmen eines Coachings, wäre das natürlich anders. Die optimale Lösung muss auf Sie ganz persönlich abgestimmt sein. So wie es Ihren Bedürfnissen entspricht und wie es Ihnen am besten gefällt. So wie Sie sich am wohlsten fühlen und am besten arbeiten können. Die optimale Lösung ist die, die Ihnen gefällt und Ihnen zu maximaler Produktivität anhand Ihrer individuellen Ansprüche verhilft. Kombinieren Sie Papier und Elektronik so, wie es für Sie am besten passt.

Planen Sie zuerst Ihr Leben, dann Ihr Zeitplanwerkzeug

Experten-Tipp

Viel wichtiger als der Planer, als Ihr Handwerkszeug, ist das Wissen um den richtigen Umgang damit. Und erst recht das Wissen über strategisches Zeitmanagement. Wo wollen Sie hin? Was wollen Sie erreichen?

Warum benutzen Sie ein Zeitplanwerkzeug? Bei welchen Vorhaben soll es Sie unterstützen? Wo wollen Sie mit Ihrem Leben hin? Was werden Sie in den nächsten Jahren, Monaten, Wochen und Tagen tun, um dorthin zu gelangen? Was ist Ihnen wichtig? Wie nutzen Sie Ihre Zeit? Was wollen Sie verändern? ◂

Gerne helfen wir Ihnen im Rahmen eines Seminars oder Coachings vor Ort, die für Sie beste Lösung zu finden und den effektiven Umgang damit zu erlernen. Doch versuchen Sie ruhig einmal selbst, Ihr optimales Zeitmanagementsystem zu finden. Das Buch hat Ihnen einen Einblick gegeben. Definieren Sie Ihre Anforderungen (die Checklisten helfen Ihnen dabei). Entscheiden Sie sich für eine Kombination und arbeiten Sie konsequent drei Wochen lang damit. Dann reflektieren Sie: Wie kommen Sie damit klar? Was können Sie noch verändern und verbessern?

Ursachen analysieren

Wenn Sie nach drei Wochen noch Probleme mit der Benutzung Ihres Planungstools oder dem Übertragen der Zeitmanagementstrategien auf den Alltag haben, finden Sie die Ursache:

- Waren Sie nicht konsequent genug bei der Umsetzung?
- Fehlen Ihnen nötige Kenntnisse?
- Benötigen Sie Hilfe von außen?
- Oder passt das System nicht zu Ihnen?

Gegenmaßnahmen ergreifen

Werten Sie die letzten Wochen in Ruhe und wohl überlegt aus und treffen Sie dann die entsprechenden Gegenmaßnahmen. Was werden Sie tun, um bei der Umsetzung disziplinierter und konsequenter zu sein? Wer könnte Sie motivieren und kontrollieren? Mit welchem Buch könnten Sie sich weiterbilden, welchen Kollegen um Rat fragen? Macht es Sinn, ein Seminar zu besuchen oder einen Coach zu buchen – und wenn ja, wo bzw. wen und wann? Was könnten Sie an Ihrem System ändern, welches Alternativsystem benutzen?

Experten-Tipp

Planen Sie konkret und handeln Sie

Das Wichtigste von allem: Nehmen Sie sich nicht nur vielleicht irgendetwas für irgendwann einmal irgendwie vor, sondern setzen Sie sich konkrete Ziele. Und dann handeln Sie. Was wollen Sie erreichen? Bis wann? Was von dem Gelernten wollen Sie vertiefen und umsetzen? Wie werden Sie das tun?

Fangen Sie an! Beginnen Sie – und zwar noch heute, gleich jetzt!

Anhang: Die CD

Was finde ich auf der CD?

Zuerst einmal finden Sie den Masterplan (siehe S. 30), einen Jahresübersichts- sowie Projektplaner (S. 67) sowie die wichtigsten Formulare für Ihr Zeitplanbuch als PDF-Datei zum Ausdrucken.

Über 50 Programme

Des Weiteren haben wir für Sie etwas über 50 Programme für Palm OS, Pocket PCs und Windows herausgesucht. Es handelt sich dabei um Demoversionen, die Sie für eine gewisse Zeit ausprobieren können, um zu entscheiden, ob Sie das Programm erwerben möchten. Auch einige Freeware-Programme sind dabei, die Sie kostenlos und uneingeschränkt beliebig lange nutzen dürfen. Als kleines Trostpflaster für die Pocket-PC-Benutzer, die bei unserem vorgestellten Zeitplansystem für Palm OS umdenken und Anpassungen vornehmen mussten, haben wir die Vollversion einer Finanzverwaltung und einer Zeiterfassung auf die CD aufgenommen (beide Programme gibt es inzwischen in einer neuen, erweiterten Version).

Wir haben dabei die aus unserer Sicht interessantesten Programme ausgewählt und für viele Bereiche nur ein Programm auf die CD aufgenommen, obwohl es etliche weitere gibt. Zum Beispiel sind für Palm OS mehrere Dutzend Outliner verfügbar, deren Grundfunktionsweise Bonsai entspricht. Bonsai hat sich dabei in unseren Tests als das leistungsfähigste Programm dieser Gattung mit den meisten nützlichen Funktionen erwiesen bei gleichzeitiger hervorragender Bedienbarkeit und Benutzerfreundlichkeit. Außerdem bringt es bereits eine PC-Variante mit, mit der es vollständig synchronisiert, und hat ein sehr gutes Preis-Leistungs-Verhältnis.

Soll ich gleich alle Programme auf einmal installieren?

Überlegen Sie, was Sie wirklich brauchen

Nein, auf gar keinen Fall! Überlegen Sie, was Sie wirklich brauchen. Wir haben Tools für verschiedene Einsatzzwecke auf der CD.

- AProPro ist z. B. ein einfacher und preisgünstiger Organizer für Adressen, Termine und Projektplanungen, mit dem Sie auch im Team übers Netzwerk Daten austauschen können.
- Wenn Sie höhere Anforderungen haben, werden Sie sich vielleicht für wesentlich teurere und umfangreichere, auch schwerer zu erlernende Programme entscheiden, die dafür ein Vielfaches an Leistung bieten und auf einen Bereich spezialisiert sind.
  - Zum Beispiel adress manager für Kontaktverwaltung, CRM und Mailings.
  - Oder Asta Powerproject für umfassendes Projektmanagement mit Gantt-Diagrammen, automatischer Terminberechnung, Kostenverwaltung, Ressourcenkontrolle und vielem mehr.
  - Oder Time Management Office, ein leistungsfähiges Projektmanagementtool, das sie als Internetlösung auch mieten können, was für den kurzfristigen Einsatz weitaus preisgünstiger sein kann.

Je weniger Programme Sie auf Ihrem PC oder PDA installieren, desto besser finden Sie sich zurecht und desto mehr freien Speicher behalten Sie übrig. Investieren Sie lieber etwas mehr Zeit und Geld in ein paar gute Programme, die Sie konsequent nutzen, als sich zu viel verschiedene Software aufzuspielen und nirgendwo vernünftig einzusteigen.

Hochkomplexe Systeme

Beachten Sie außerdem: PCs und PDAs sind hochkomplexe Systeme. Eine falsche Einstellung oder das Installieren eines unpassenden Programms können Fehler in anderen Programmen verursachen oder im schlimmsten (wenn auch seltenen) Fall mit komplettem Datenverlust einhergehen sowie eine komplette Neuinstallation des Systems erforderlich machen. Wir haben jedes Programm in der auf der CD enthaltenen Version noch einmal auf einem Testsystem installiert und sind dabei auf keine Probleme gestoßen. Doch kein Hersteller ist in der Lage, seine Software für die schier unendliche mögliche Anzahl an Kombinationen für verschiedene Hardware mit verschiedenen Komponenten, verschiedenen Betriebssystemen, verschiedenen anderen installierten Zusatzprogrammen sowie verschiedenen Einstellungen zu testen. Wenn Sie Pech haben, funktioniert eine Software bei allen anderen Benutzern, aber erzeugt gerade auf Ihrem System massive Probleme. Am besten halten Sie sich daher an die folgenden Tipps für eine sichere Installation:

Tipps zur Programminstallation

- Sichern Sie regelmäßig Ihre Daten.
- Sichern Sie vor der Installation neuer Software besonders wichtige Daten noch einmal separat.
- Installieren Sie keine neue Software, wenn Sie in den folgenden Stunden unbedingt auf das Funktionieren Ihres Rechners angewiesen sind.
- Überlegen Sie, welche Software Sie wirklich benötigen oder zumindest sehr interessant finden. Warum z. B. die Demo einer hochpreisigen Projektmanagementsoftware mit riesigem Funktionsumfang installieren, wenn Sie weder Projekte managen noch bereit wären, den Preis für das Programm nach der Testphase zu bezahlen?
- Wenn Sie PC-Software installieren: Fahren Sie das System direkt vor und nach der Installation herunter und neu hoch und deaktivieren Sie beim Installieren einen gegebenenfalls im Hintergrund aktiven Virenscanner. Schließen Sie vor der Installation wenn möglich andere noch aktive Programme. Das mag für Sie wie fauler Zauber klingen, hilft allerdings, Konflikte der Programme untereinander zu reduzieren (da sie z. B. manchmal gemeinsam auf bestimmte Dateien zugreifen, die bei anderen Vorgehensweisen nicht korrekt aktualisiert werden können).
- Lesen Sie bei Problemen das Handbuch bzw. die Installationsanweisung, falls diese für die Software verfügbar und enthalten sind.
- Wenn Sie danach noch immer Probleme mit einem der Programme haben sollten, wenden Sie sich bitte direkt an den Support des jeweiligen Herstellers (nachdem Sie auf dessen Website nach Lösungen gesucht haben).

So installieren Sie die Programme

Die einzelnen Programme installieren Sie per Klick auf den Button im Menü der CD, das Sie vorher ebenfalls einmal installieren müssen (das hierzu benötigte Programm startet nach dem Einlegen der CD automatisch). Bitte beachten Sie, dass Sie zur Installation mancher Programme auf Systemen wie z. B. Windows 2000 ein mit Administratorrechten angemeldeter Benutzer sein müssen.

Pocket PC

Wenn Sie einen Pocket PC besitzen, müssen Sie auf verschiedene Programmversionen achten. Sie benötigen ab der Betriebssystemversion Pocket PC 2002 eine Version für ARM-Prozessoren. Ältere Pocket PCs besitzen teilweise statt ARM-Prozessoren (z. B. Geräte von compaq) MIPS- (Pocket PCs von Casio) oder SH3-Prozessoren (HP Journada-Serie). Bei den meisten Programmen benötigen Sie für ältere Pocket PCs eine jeweils für den besagten Prozessortyp passende Version. Wählen Sie in diesem Fall beim Installieren bitte die entsprechende Version aus, wenn das Installationsprogramm die benötigte Version nicht automatisch erkennt. Einige neuere Programme werden vom Hersteller nur noch in einer nicht weiter gekennzeichneten Version für Pocket PC 2002 oder den Nachfolger Windows Mobile 2003 ausgeliefert, die dann nur noch auf ARM-Prozessoren (auch Xscale-Prozessoren basieren auf der ARM-Architektur) lauffähig sind.

Doch lassen Sie sich von diesen Warnhinweisen bitte nicht verunsichern, in fast allen Fällen funktionieren Installation und Betrieb der Software einwandfrei. Wir sind im Test auf keine Probleme gestoßen.

Eine kurze Beschreibung der Programme sowie Angaben zu Preis und Hersteller finden Sie im Menü der CD. Bitte wenden Sie sich für Fragen sowie zum Erwerb der Software direkt an den Hersteller. Prüfen Sie für Programme, die Sie benutzen, auch des Öfteren auf der Hersteller-Website nach, ob inzwischen eine neue, aktualisierte Version mit weiteren Funktionen verfügbar ist.

Haftungsausschluss

Die auf der CD enthaltenen Programme stammen nicht von der Rudolf Haufe GmbH & Co. KG. Der Verlag übernimmt keine Garantie für das Funktionieren der Programme und auch keine Verantwortung für etwaige

Schäden oder Datenverluste, die Programme auf dem Rechner der Benutzer anrichten. Der Verlag distanziert sich außerdem von allen Inhalten auf Webseiten, auf die verwiesen wird, und übernimmt keine Verantwortung für die dort präsentierten Inhalte.

Die folgenden Programme haben wir für Sie auf der CD zusammengestellt:

Programme für Palm OS

- **Planung, Organisation und bessere Kalender:**
  Agendus, Bonsai, Project@hand, MindManager, Beyond Contacts, Feiertage, DatePak
- **Kommunikation, E-Mail, Dokumentverarbeitung:**
  Adobe Acrobat Reader, Documents To Go, GSMTool, WebToGo, Snappermail
- **Systemerweiterungen:**
  BackupBuddy, JBBackup, JackFlash, JackSprat, TealMaster, TealScript, TealGlance, TealLaunch, German Chars, Xmaster
- **Sonstiges:**
  TealLock, BigClock, DiddleBug, OmniRemote, Pocket Quicken, PalmPoint, NoahLite

Programme für Pocket PC

- **Planung, Organisation und bessere Kalender:**
  Agenda Fusion, Pocket Informant, Tre Notes, MindManager, Pocketplan
- **Kommunikation, E-Mail, Dokumentverarbeitung:**
  Adobe Acrobat Reader, Handyzip, Textmaker, @mail, WebToGo
- **Systemerweiterungen:**
  ArtsSave, Dexplor, Nyditot virtual display
- **Sonstiges:**
  Mastersoft money, Billable buddy, Pocket Quicken

Programme für Ihren „großen Windows-PC"

- **Planung, Organisation und bessere Kalender:**
  Agendus, Palm Desktop, Bonsai, Tre Notes, MindManager, Feiertage für Outlook 2000, Urlaubsmanager, AProPro, Projektplaner, Fehlzeiten, Arbeitszeiten, Atlatus, Asta Powerproject, Time Management Office, address manager, faktura manager
- **Kommunikation, E-Mail, Dokumentverarbeitung:**
  Adobe Acrobat Reader, PDFfactory, Textmaker, Copernic summarizer, Dr.Doc, ProCall, PhoneSync
- **Systemerweiterungen:**
  Fineprint, Smartkey
- **Sonstiges:**
  NoahLite, Babylon Pro

Internet

Weitere Programme und Websites mit Tipps zu PDAs

Tipps zu Downloadseiten mit Tausenden weiterer Programme, regelmäßig ausgewählten Programmtipps und -besprechungen sowie Links und Infos zu weiteren empfehlenswerten PDA-Seiten finden Sie stets aktualisiert auf unserer zeitgleich zum Erscheinen dieses Buches gestarteten Website

www.pda-zeitmanagement.de.

Drei der Programme (address manager, Dr.Doc und MindManager) möchten wir Ihnen direkt hier noch etwas näher vorstellen, da sie exemplarisch für bestimmte Funktionen ganzer Programmgattungen stehen, die elektronisches Arbeiten besonders interessant machen. Dabei sind die Programme jeweils weitaus leistungsfähiger, als wir auf zwei Seiten darstellen können – wir haben jeweils nur einen bzw. ein paar interessante Aspekte herausgegriffen.

Mind-Mapping und Datenabgleich

MindManager

Elektronische Daten können Sie untereinander verknüpfen. Ihr Projektplan kann – sofern Sie ihn in einem entsprechend ausgestatteten Programm erstellen – z. B. Verknüpfungen zu Fotos des geplanten Geländes oder Verträgen mit dem für einen bestimmten Bereich zuständigen Subunternehmer enthalten. Ein Klick auf die Verknüpfung öffnet das entsprechende Dokument direkt aus dem Projektplan zum Ansehen, Bearbeiten oder Ausdrucken. Auch können Sie Daten mit anderen Anwendungen abgleichen. Recht vielseitig ist z. B. der MindManager. Er ermöglicht Ihnen kreatives Planen und unterstützt den Datenaustausch mit den wichtigsten Office-Programmen.

Kreatives Ideensammeln, Planen und Aufbereiten der Daten

Die Technik des Mind-Mapping

Florian K. liebt den MindManager. Die Technik des Mind-Mapping hatte er früher auf dem Papier erlernt. Dabei ordnet er die Ideen um einen Haupt- bzw. Zielgedanken (in der Mitte des Blattes) herum an. Wie bei einem Baum verzweigt er nun Unterpunkte als Äste mit immer feineren Unterästen. Somit sieht er in der Mitte des Blattes die Hauptpunkte und kann sich schnell orientieren, ohne wie bei herkömmlich heruntergeschriebenen Texten erst alle Details überspringen zu müssen, bevor er beim nächsten Hauptpunkt angelangt ist. Auch kann er später weitere Unterpunkte jederzeit als Zweige ergänzen und muss die Ergänzungen nicht zwischen die Zeilen quetschen. Je weiter er nach außen gelangt, desto mehr verzweigte Unterpunkte legt er an. Er nutzt auch kleine Skizzen zur besseren visuellen Orientierung. Dank Mind-Mapping hat er gelernt, wesentlich schneller und kreativer Ideensammlungen, Vortragsmitschriften und grobe Pläne anzufertigen. Mit dem MindManager kann er diese Technik nun inklusive einiger elektronischer Erweiterungen auch auf dem PC nutzen.

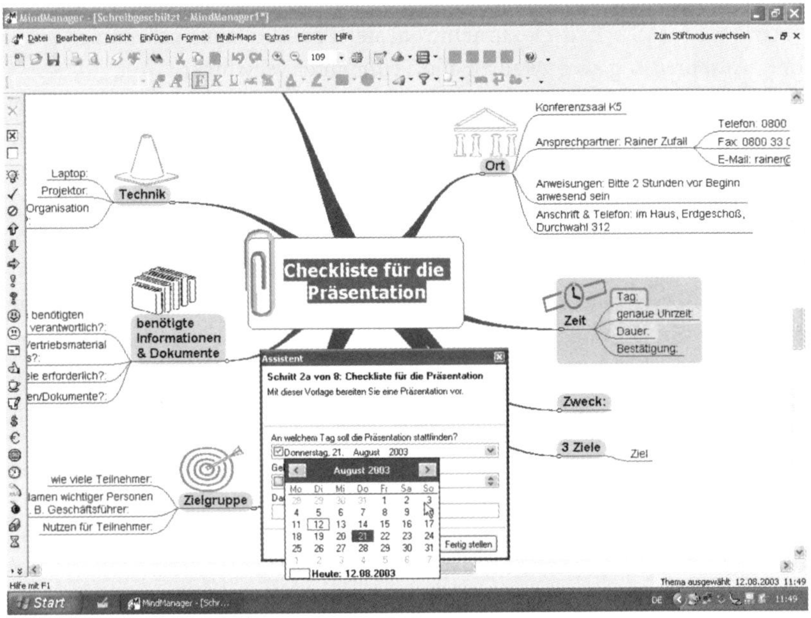

Bessere Lesbarkeit

Sein größtes Problem mit den Mind-Maps auf Papier war seine eigene Handschrift – um seine Denkgeschwindigkeit nicht noch weiter auszubremsen, hat er immer besonders schnell geschrieben. Andere Personen konnten die Maps fast nie lesen und auch er selbst hatte am nächsten Tag oft Schwierigkeiten, seine Stichworte zu entziffern. Im MindManager tippt er nun einfach munter drauflos. Sobald er die Eingabetaste drückt, legt das Programm im Brainstorming-Modus einen neuen Zweig an. Soll dieser an einer anderen Stelle als dem aktuellen Zweig eingefügt werden, klickt er die gewünschte Position einfach mit der Maus an. Später kann er jederzeit Zweige markieren und an eine andere Position ziehen, wenn er z. B. feststellt, dass die Punkte unausgewogen verteilt sind oder er die Unterpunkte eines Zweiges auf mehrere neue Zweige verteilen möchte.

Mitschrift direkt auf Datenprojektor

Früher hat sein Team in Besprechungen die Ideen auf Flipcharts gesammelt, die schnell überfüllt waren. Später musste jemand alle Punkte abtippen und verteilen. Heute projiziert der Protokollant seine Mitschrift im MindManager direkt während der Besprechung mit einem Datenprojektor

auf die Leinwand. Mit einem Tastendruck exportiert das Programm die Daten in ein MS Word-Dokument, das der Protokollant nach kurzer optischer Aufbereitung als E-Mail an alle Teilnehmer verschickt.
Florian K. freut sich über die Symbolgalerie: Mit wenigen Mausklicks hat er geeigente Bildchen zur Illustration ausgewählt und in der richtigen Größe in der Map positioniert. Mithilfe der Konferenzfunktionen kann er mit räumlich weit entfernten Kollegen zusammen über das Internet an einer Map arbeiten. Zu jedem Zweig und Unterzweig kann er einen Hyperlink als Verknüpfung z. B. auf ein Word-Dokument oder eine Excel-Tabelle einfügen, die sich bei Bedarf auf Knopfdruck öffnen. Er kann den einzelnen Zweigen eine Priorität, den Fortschritt in Prozenten sowie Start- und Fälligkeitsdatum zuweisen. Mit dieser Funktion setzt er seine strategische Projekt- und Aufgabenplanung um. Die Daten kann er mit MS Project wie auch mit MS Outlook synchronisieren. Darüber hinaus kann er Maps für unterwegs auf seinen PDA überspielen und dort mit der Mobile Edition des MindManager bearbeiten. Mit Assistenten und Vorlagen unterstützt ihn der MindManager bei Routineaufgaben wie der Besprechungsplanung.
Auf seinem Tablet PC kann Florian K. den MindManager zudem fast ohne Tastatur bedienen. Er kann Zweige handschriftlich eingeben, später automatisch in Text umwandeln lassen und die wichtigsten Funktionen über spezielle Gesten mit dem Eingabestift bedienen (z. B. ein Strich von links nach rechts zum Anlegen eines neuen Unterzweigs).

Adressverwaltung, CRM und CTI

Combit address manager

Etliche Adressverwaltungen für Ihren PC bieten von simplen Telefonlisten bis hin zum Customer Relationship Management (CRM) für jeden Bedarf die passende Lösung. Der combit address manager gehört zur Gattung individuell anpassbarer Anwendungen: Sie können eigene Eingabemasken mit genau den von Ihnen benötigten Feldern erstellen, um alle wesentlichen Funktionen zu integrieren, ohne sich durch nicht benötigten Daten den Überblick zu erschweren. Über Computer Telephony Integration (CTI) können Sie z. B. Ihre Adressverwaltung mit Ihrem Telefon verbinden.

CTI-fähige Telefonanlagen

Eine Übersicht über etliche CTI-fähige Telefone und Telefonanlagen finden Sie beispielsweise auf der Website des Herstellers von ProCall, das unter anderem Outlook um CTI-Fähigkeiten erweitert.

Die Adresse lautet: www.estos.de/support/driver/index.htm

Bei Kundenanrufen alle passenden Daten im Blick

Mathilde B. nutzt den combit address manager für ihr Customer Relationship Management. Über ihr ISDN-Telefon elmeg CS320 spielt der address manager zudem alle Vorteile von CTI aus. Sobald ein Kunde bei einem Anruf seine Rufnummer übermittelt, zeigt der address manager Mathilde B. auf Wunsch sofort die zugehörigen Kundendaten an. In der Kontakthistorie sieht Mathilde B. alle bisher protokollierten Gespräche mit dem Kunden. Da sie und ihre Kollegen den address manager gemeinsam im Netzwerk einsetzen, erhält sie auch einen Überblick über die von ihren Kollegen mit dem Kunden geführten Gespräche. Wenn Mathilde B. einmal nicht am Platz ist, protokolliert der address manager eingegangene Anrufe inklusive der Rufnummer.

Anruf bequem protokollieren

Auch andersherum funktioniert CTI: Mathilde B. kann auf Knopfdruck direkt aus den Kundendaten eine Nummer wählen und das Gespräch normal über ihr Telefon führen. Dank ihrem Headset hat sie dabei beide Hände frei, um im address manager Notizen zum Gespräch einzugeben. Die Software nimmt ihr über Automatikfunktionen dabei einen Teil der Anrufprotokollierung, wie das Eintragen von Datum und Uhrzeit, bereits ab.

Personalisierte Serien-E-Mails

Auch personalisierte Serien-E-Mails kann Mathilde B. über den address manager versenden. Dabei kann sie die Kunden verschiedenen Gruppen zuordnen, um deren Adressen gesammelt in eine Kampagne zu übernehmen. Die Firmenwebsite hat Mathilde B. mit einem speziellen CGI-Skript erweitert, das ihr eine E-Mail in einem für den address manager angepassten Format sendet, sobald sich ein Kunde für den Newsletter der Firma einträgt. Über so genannte virtuelle Benutzer bearbeitet der address manager dabei entsprechende, bei Mathilde B. eingehende E-Mails automatisch ab und trägt die neuen Daten in den Kundenstamm in der Gruppe der Newsletter-Empfänger ein.

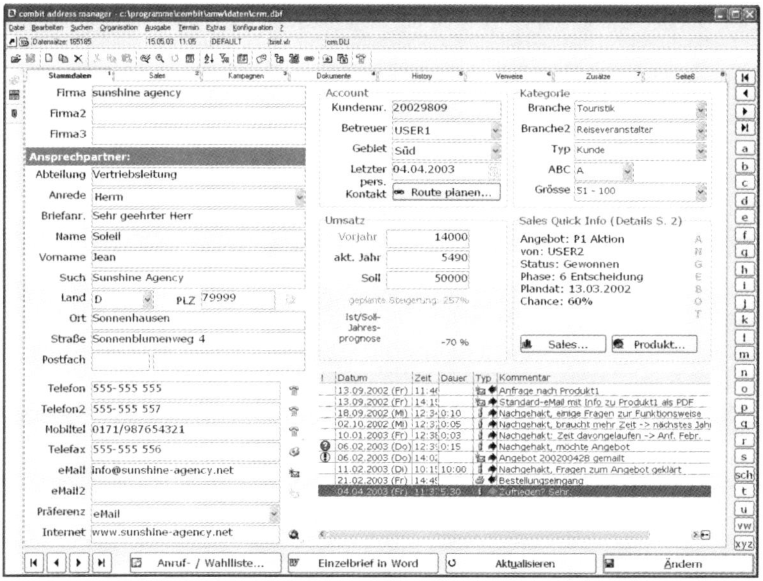

Dokumentenmanagementsysteme (DMS)

Dr.Doc

Mit einem DMS wie etwa Dr.Doc können Sie von Ihren Urlaubs- oder verschiedenen Produktfotos über Angebotsbeschreibungen, bei Ihnen eingegangenen Rechnungen und Lieferscheinen bis hin zu Ihren Broschüren im elektronischen PDF-Format fast alle Dokumente elektronisch verwalten. Sie können dabei Schlagwörter zum schnellen Wiederauffinden vergeben, in einer Versionshistorie Änderungen z. B. an Vertragsentwürfen in Word festhalten sowie alle gespeicherten Dokumente durchsuchen. Dabei können Sie Suchausdrücke verknüpfen wie z. B. ((„Meyer" oder „Müller") und „Angebot").

Einen Eindruck von der Leistungsfähigkeit solcher Programme wie z. B. Dr.Doc möchten wir Ihnen anhand einer Beispielfirma, eines Bürokommunikationsgeschäfts, geben.

Tausende verschiedene Dokumenten auf Knopfdruck durchsucht

Franz K. arbeitet in der Verwaltung des Bürokommunikationsgeschäfts „G+K-tronic“, das sich auf die Betreuung mittelgroßer Unternehmen ohne eigene EDV-Abteilung spezialisiert hat. Von der Planung über die Beschaffung bis hin zu Installation, Wartung und Nachbetreuung gilt G+K-tronic als zuverlässiger und kompetenter Partner, der im Bedarfsfall schnell zur Stelle ist. Dazu trägt vor allem die systematische Dokumentation aller Planungs- und Installationsschritte bei, auf die die Techniker jederzeit in Sekundenschnelle Zugriff haben.

Eine Woche Einarbeitungszeit

G+K-tronic setzt als DMS-Software Dr.Doc ein. Franz K. hat etwa eine volle Woche benötigt, um sich in alle Funktionen des relativ komplexen Systems einzuarbeiten. Doch es hat sich gelohnt. Er hätte nie gedacht, wie leistungsfähig und schnell elektronische Dokumentverwaltung funktioniert.

Installationsprotokolle

Die Techniker erstellen z. B. Installationsprotokolle. Auf diesen Formularen tragen sie vor Ort per Hand genau ein, in welcher Reihenfolge welche Software in welcher Version sie auf welchen Rechner installiert haben und ob dabei Probleme auftraten. In regelmäßigen Abständen sichern sie die Rechner einiger Kunden mit Wartungsverträgen über Image-Dateien ab. Wenn ein größeres Softwareproblem auftritt, können sie anhand des Protokolls nachsehen, welche Programme mit dem letzten Image bereits abgesichert wurden, und diese schnell und einfach wiederherstellen. Auf Netzwerkplänen dokumentieren sie alle eingesetzten Rechner, Verteilerpunkte, verlegte Kabel, Buchsen sowie weitere technische Daten. Bei einigen Kunden sind die IP-Adressen z. B. fest für eine Netzwerkbuchse in der Wand vergeben, bei anderen fest pro Rechner, bei wieder anderen werden sie dynamisch vergeben. All das halten sie auf Papier fest.

Texterkennung

Franz K. scannt sämtliche anfallenden Dokumente ein. Dafür legt er einen Stapel Papier in den automatischen Vorlageneinzug seines Multifunktionsdruckers. Er stellt neben Scanner mit automatischem 30-Blatt-Einzug auch einen Tischkopierer, Laserdrucker und ein Faxgerät dar (solche Geräte sind ab ca. 600 Euro im Handel erhältlich). Sein DMS führt dabei eine Texterkennung (OCR) durch und versucht, auf gedruckten Dokumenten wie z. B. Lieferscheinen den gesamten Text so zu hinterlegen, dass Franz K. über die Suchen-Funktion später einzelne Wörter und Zahlen finden kann. Die Papierdokumente verschwinden nach dem Einlesen sauber abgelegt in Ordnern im Archiv im Keller.

Netzwerk und E-Mail

Jeder Techniker hat von seinem Arbeitsplatz aus die für ihn freigegebenen Dokumente über das Netzwerk im Zugriff. Außerdem kann Franz K. ihnen per Knopfdruck Pläne per E-Mail zuschicken, wenn sie vor Ort beim Kunden feststellen, dass sie bestimmte Daten benötigen und nicht dabeihaben. Über die phonetische und fehlertolerante Suche findet Franz K. dabei in Sekundenschnelle auch Wörter, deren Schreibweise er nicht sicher kennt. So ist es kein größeres Problem, für den Arbeitsplatzrechner, dessen Besitzer recht einen eigenwillig klingenden Eigennamen hat, das Passwortverzeichnis oder Installationsprotokolle herauszusuchen. Auch wenn Franz K. für Garantiereparaturen eines Hardware-Herstellers bestimmte Lieferscheine benötigt und die Texterkennung beim Einlesen Fehler produziert hat, ist diese Funktion sehr praktisch. Da das Dokument neben dem erkannten Text als Bilddatei vorliegt (die der Computer nicht durchsuchen kann), sieht Franz K. auch bei fehlerhafter Texterkennung alle Informationen korrekt auf dem Schirm.

Epilog

Wir danken Lothar J. Seiwert, Martin Scott sowie Steven R. Covey, bei denen wir vieles gelernt haben. Auch konnten wir aufgrund ihrer Werke unser Zeitmanagementkonzept weiter verfeinern. Wir danken Jutta Cram, Jasmin Jallad, Traudel Knoblauch, Nicole Rauscher und Jürgen Rink für die gute Zusammenarbeit, die kritischen Anmerkungen zur Verbesserung sowie den letzten Schliff am Manuskript. Wir danken Werner „Tiki" Küstenmacher für die herrlichen Karrikaturen.
Wir danken Johannes Hüger, Marcus Hausner, Stephanie Plate, Peter Essler, Daniel Rau, Alice Rempel, Annette Achenbach, Mathias Essenpreis, Hans-Josef Rossbach und Michaela Terwort für die Motivation, Gebete und Anteilnahme in stressigen Zeiten sowie persönliche Unterstützung bei der Planung und Umsetzung unserer Seminare zum elektronischen Zeitmanagement sowie dieses Buches.
Wir danken allen unseren Seminarteilnehmern, die uns mitnehmen in ihr Leben, ihre Ziele, ihren Arbeitsalltag. Die wir dabei unterstützen dürfen, ihre Zukunft zu planen, ihren Lebenszielen näher zu kommen, den Weg dorthin klar festzulegen und zu gehen. Die uns mit persönlichen Erlebnissen sowie späterem Feedback zeigen, wie sehr sie davon profitieren, und uns damit die unangenehmen Seiten des Trainerberufs vergessen lassen. Die uns mit kleinen Tipps, Fragen und kritischen Anmerkungen immer wieder helfen, die Seminarinhalte noch klarer darzustellen, Techniken und Strategien der sich verändernden Arbeitswelt anzupassen sowie zu optimieren.
Und wir danken Ihnen, liebe Leserin, lieber Leser, dass Sie uns bis hierher durch das Buch begleitet und zu seinem Verkaufserfolg beigetragen haben. Wir hoffen, es hat Ihnen gefallen, und wünschen Ihnen viel Erfolg bei der Umsetzung! Wir würden uns freuen, wenn Sie uns Ihre Fragen, Verbesserungsvorschläge, Kritik und Lob mailen würden.

Herzlichst,

Holger Wöltje (hwoeltje@tempus.de)
Prof. Dr. Jörg W. Knoblauch (knoblauch@tempus.de)

Stichwortverzeichnis

Literaturempfehlungen und Quellen

- Lothar J. Seiwert: Das Bumerang-Prinzip: Mehr Zeit fürs Glück.
  Das Buch zeigt, wie Sie Ihre ganz persönliche Balance zwischen Arbeit und Beruf, Familie und Hobbys, Erfolg und Entspannung finden.
- Lothar J. Seiwert: Don't hurry, be happy. In 5 Schritten zum Lebenskünstler.
  Ein einfaches Fünf-Schritte-Programm für alle, die aus dem Gefängnis hektischer Betriebsamkeit in Richtung Muße und Energie spendender „Minuten-Faulheit" ausbrechen wollen.
- Steven R. Covey, Roger Merril, Rebecca Merril: Der Weg zum Wesentlichen. Zeitmanagement der vierten Generation.
  Der Klassiker zum Thema. Das intensive Grundlagenwerk, auf dessen Ansätze heute die meisten der Experten aufbauen.
- Martin Scott: Zeitgewinn durch Selbstmanagement.
  Beleuchtet Zeitmanagement unter etwas anderen Aspekten aus einer leicht anderen Perspektive als die weiteren hier vorgestellten Werke.
- Werner Tiki Küstenmacher, Lothar J. Seiwert: Simplify your life.
  „1.000" praktische Effizienztipps auf über 350 Seiten quer durch die sieben Stufen „Ihrer Lebenspyramide" – ein erfrischend anderer Ansatz, sein Leben zu vereinfachen.
- Johannes Hüger, Jörg Knoblauch, Marcus Mockler: Dem Leben Richtung geben. In drei Schritten zu einer selbstbestimmten Zukunft.
  Ein intensiver Leitfaden, um sich selbst zu erforschen, Großes zu träumen, daraus Lebensziele zu erarbeiten und diesen durch ein selbstbestimmtes Leben jeden Tag ein Stück näher zu kommen.
- Jörg Knoblauch, Holger Wöltje: TaschenGuide Zeitmanagement.
  Für alle, die wenig Zeit haben – Sie erfahren: wie Sie Ziele und Prioritäten setzen, wie Sie Ihre Zeit sinnvoll planen, wie Sie Ihren Arbeitstag effizient gestalten und wie Sie weniger Stress und mehr Zeit haben für das, was Ihnen wirklich wichtig ist.